柳传志管理日志

（十周年纪念版）

林军◎编著

ZHEJIANG UNIVERSITY PRESS
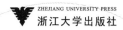
浙江大学出版社

图书在版编目（CIP）数据

柳传志管理日志：十周年纪念版 / 林军编著. — 杭州 ：
浙江大学出版社，2021.3
　　ISBN 978-7-308-20863-5

　　Ⅰ．①柳… Ⅱ．①林… Ⅲ．①电子计算机工业－工业
企业管理－经验－中国 Ⅳ．①F426.67

中国版本图书馆CIP数据核字（2021）第241139号

柳传志管理日志：十周年纪念版
林　军　编著

策　　划	杭州蓝狮子文化创意股份有限公司	
责任编辑	张　婷	
责任校对	卢　川	
封面设计	张志凯	
出版发行	浙江大学出版社	
	（杭州市天目山路148号　　邮政编码　310007）	
	（网址：http://www.zjupress.com）	
排　　版	杭州林智广告有限公司	
印　　刷	杭州钱江彩色印务有限公司	
开　　本	710mm×1000mm　1/16	
印　　张	16.5	
字　　数	280千	
版 印 次	2021年3月第1版　2021年3月第1次印刷	
书　　号	ISBN 978-7-308-20863-5	
定　　价	58.00元	

再版序

"站在风口上，猪都可以飞起来。"这是这几年为很多人引用的创业金句，但是雷军的这句话后面，其实还有更重要的一句——"长出一双小翅膀，就能飞得更高"。一家企业，能站在风口上固然重要，但能否靠自己长出一双小翅膀，足够让企业飞得更高、更远，甚至逆风翻盘，才是取得成功的关键。

1984 年的某一天，中国科学院士院计算技术研究所投资了 20 万元，成立了一个新技术发展公司。电子表、电冰箱、旱冰鞋，他们什么都倒腾，这就是联想的前身。彼时没人能想到，他们电脑的销量能从 1996 年开始稳居中国市场第一，更想不到在 2013 年甚至升至全球第一，联想成了全球最大的 PC 生产厂商。

2019 年 12 月 18 日，《人民日报》发布"中国品牌发展指数 100 榜单"，联想集团排名第 16 位。联想已经诞生了 30 多年，这对腾飞的翅膀背后，是柳传志的管理智慧。而他的智慧，仍旧有历久弥新的价值。

本书在 2008 年初次出版，如今我们增补了企业家新的管理理念和方法，通过细致具象的日志形式，场景化再现企业家的话语，辅之专业的背景分析，精准把握其在企业发展史上每个关键时期的思想精髓，能为现存的企业和新兴创业公司的管理者们提供直接明了的行动指南。

希望本书能让更多的中国企业长出自己的翅膀，飞得更高，翱翔于风，搏击长空。

序

一

向柳传志学什么

对老柳，我很尊重。我对他的批评，是联想错失技术方向，错失成为比华为更强大的公司的机会。这是老柳的遗憾，是中关村的遗憾，更是中国 IT 界的遗憾。也就是我自己爱之深，而责之切。

在我看来，对于没有任何回头路的联想来说，主要面临着两个风险：一是走向全球高科技企业"老化"的宿命。最近 10 年之内，PC 行业就有 AST（美国虹志电脑有限公司）、DEC（中国东方电气集团公司）、康柏等著名品牌一下子消失于无形的教训，这个风险同样伴随着联想、惠普等公司。另一个风险是逐渐陷入多元化、平庸化的泥沼。诸多在国内上市的高科技企业还在前赴后继地沦陷，过去的四通、海星、实达等，今日的方正、紫光、同方等，核心资源逐渐从高科技行业分散到传统行业，最终高科技企业的特征淡化甚至消失，变得与任何一个国内上市公司一样浮躁且毫无个性，活力和生命力也迅速衰退。

但是，比起其他同时期的中国 IT 企业，联想无疑是最成功的，这一点，就足以让老柳在中国 IT 历史上占据独特的地位。所以，老柳的管理思想一定是值得我们学习的宝藏。

比如柳传志善于用人，尽管从他的用人经验看，不难看出他强烈的"不安全感"。

但柳传志疑人不用、用人不疑，从杨元庆、郭为、刘军，到今日联想控股的三位"隐形少帅"朱立南、陈国栋、赵令欢，都可以看到这点。这些少帅维系着联想的未来、个人的前景，也同样维系着老柳的成败。让老柳得意并庆幸的是，这些少帅都很好地完成了他的期待。

柳传志的成功，来自于其强大的管理驾驭能力和商业操作能力，而其风险来自于对高科技产业技术规律、周期和趋势的敏锐把握。柳传志强在对战略机会的辨析和抉择能力，弱在对技术远景的洞察和预见能力。而柳传志的这些弱项，需要少帅们来弥补。

在中国的企业家中，通过用人弥补自己弱项，让自己功德完满，全身而退的，也只有老柳一人。

前段时间遇见一位心情比较郁闷的朋友，我说没什么大不了，一切都很正常，然后给他看了有关柳传志的"鸵鸟理论"的文章。看后他心情舒畅了。在大家都是"鸵鸟"的时代，无论创业还是做事，都要用平常心面对各种事情。

杨元庆说柳传志对他影响最大的两个理论，一个是"站在画外看画"，一个是"鸵鸟理论"。这两天我在认真回味"鸵鸟理论"，启发极大。

柳传志的原话是："鸵鸟理论是为提醒自己应有自知之明，提醒我们从别人的角度考虑问题。当两只鸡一样大的时候，人家肯定觉得你比他小；当你是只火鸡，人家是只小鸡，你觉得自己大得不行了吧，小鸡会觉得咱俩一样大；只有当你是只鸵鸟的时候，小鸡才会承认你大。所以，千万不要把自己的力量估计得过高，你一定要站在人家的角度去想。你想取得优势，就要比别人有非常明显的优势才行。所以，当我们还不是鸵鸟的时候，说话口气不要太大。"

在我看来，做大一个公司，的确是一件高度复杂和极具挑战性的事情。不过，正因为有挑战性，所以也是非常带劲的。关键是，要时时刻刻学习，其中包括学老柳的理论。

方兴东

清华大学传播学博士、独立 IT 评论家
浙江大学全球创业研究中心秘书长
互联网实验室、博客中国、义乌全球网创始人

向柳传志学管理

联想曾投资过金山和卓越网，它们是我人生中很重要的两家公司。柳总作为联想的当家人，也给过我很多指导和帮助。我从他身上学到很多东西，我的很多管理启蒙课都是柳总和联想为我上的。归纳起来，从柳总身上，我学到最重要的有两点。

第一点是使命感。

我觉得华人经济领袖首先要有比较强烈的使命感。就是说，中国要富强的话，首先要有足够强大的企业，而推动这些企业前进的主要是企业家和企业领袖。所以我觉得作为华人经济领袖，必须要有极强的使命感。

中国经济市场化的时间比较短，在过去的 30 多年里面，有不少企业已经做得非常成功了，像华为和联想。我相信未来会有更多的企业越来越强大。

我觉得华人经济领袖还要能振奋国人的信心。他所做的事情，能够在国内甚至世界上有一定的影响力，而且能够代表正面、积极向上的精神。

联想的柳传志就是这样一位有使命感的大企业家。2004 年 12 月 8 日，联想宣布并购 IBM（国际商业机器公司）的全球 PC 业务。从 TCL 和明基的挫折中，每个人都知道并购外国公司不是一件容易的事情。我请教了不少同行和专家，几乎没有人看好这个并购案，但我在内心深处还是非常支持这项并购的。

在今天这个时代，如果联想并购失败，我相信没有第二家中国公司能完成这样的并购。要成为世界级的企业，就一定会出现大规模的跨国并购，联想是先行者。如果成功，他们是丰碑；如果失败，也会给后来者留下宝贵的经验。

这个世界上，总要有人踏出这一步。联想的一小步，却是中国 IT 业的一大步！

第二点是节奏感。

联想集团收购 IBM 的全球 PC 业务后，杨元庆卸任 CEO。我非常纳闷，柳传志为什么要这么做？杨元庆为什么愿意接受？因为在我心里，杨元庆是中国最杰出的CEO 之一，他热爱他的事业，他不可能接受这样的安排。杨元庆曾在金山集团担任过两年董事长，我们有过不长的共事经历。

当时我想了很久，最后基本想通了。这的确体现了柳传志的大智慧。直接让杨元庆做 CEO，管理一个大规模的跨国企业，风险太大了。TCL 和明基的例子就在眼前。先让老外做 CEO，管理跨国公司，毕竟经验丰富。安排杨元庆做董事长，坐在边上学习，这是把一个优秀的中国 CEO 培养成世界级 CEO 的速成办法。当时我就坚信，杨元庆不会就此退休，四五年后他一定会复出，重新出任联想 CEO。

联想先巨资聘请了 IBM 高级副总裁做 CEO，再巨资请了戴尔高级副总裁做CEO，代价不可谓不大。当然，杨元庆学习不可谓不努力，把家和办公室都搬到了人生地不熟的美国。4 年下来，语言过关了，做过印度等新兴市场，也做过欧洲的成熟市场，成绩斐然。2009 年开春，联想果然宣布杨元庆重新出任 CEO。与此同时，柳总出马担任董事长，保驾护航，我觉得这是最佳安排。柳杨组合，再大的风雨，他们都能安然渡过。

事实也正如我最初所料，联想集团迅速走出困境，重新形成竞争力，并就此挑落戴尔和惠普，登上全球 PC 王者的宝座。

柳总的每一次以退为进，每一次辗转腾挪，都堪称经典。他对中国商业环境的理解，他对人性的通透认知，决定了他有着很好的节奏感，能很好地进退有序，这真的值得我们学习。

雷军

小米科技、金山集团董事长

目 录

愿 景

01月 愿景非常重要
1日

愿景是指企业想往哪个方向发展。愿景对于战略设计非常重要，企业愿景如果不明确，肯定是不行的。很早之前我到北戴河，看火车站边上有一个卖馅饼的老太太，馅饼样子很好看，可吃起来皮很厚，吃完之后觉得下次再不买了。老太太靠卖馅饼养家糊口，你走了，人家还会把馅饼卖给下一拨旅行者。你无从指责卖馅饼的老太太，因为她是不需要愿景的。

——2006 年 6 月在中欧商学院的演讲：《联想的战略制定和执行》

背景分析

所谓"愿景"，"愿"就是心愿，"景"就是景象。对组织来说，它是一种意愿的表达，愿景概括了组织的未来目标、使命及核心价值，是组织哲学中最核心的内容，是组织最终希望实现的图景。简单地说，愿景是对未来美景的预见，这种美景给人去做一件事情的动力。

愿景不等同于目标，但包括柳传志在内的众多中国企业家，更愿意用做到什么样的规模来给企业定目标，并在很长一段时间内把这一宏伟目标想当然地当成愿景。当然，数字会对一个公司的愿景有比较量化的描述，也符合许多中国企业家心目中的规模情结。以联想为例，它曾在很长一段时间内把进军世界500强的目标混淆为自己的愿景。

行动指南

设立一个愿景，让其成为你或你所在组织走向成功的开始。

01月 2日 真心相信你的愿景

很多企业不太注意愿景，实际上愿景很重要，关键是你是否真心相信你的愿景，真正往这方面去做。真心想要做未必做得成，但是有做得成的可能；如果不真心，愿景肯定做不成。20世纪90年代初，联想提出三条愿景：联想要做一个长久的公司，要做百年老字号，不急于一下子很出名，利润很高，然后就垮了，这是第一条最重要的愿景；第二是我们要做一个有规模的公司，要有国际化的市场地位；第三是要做个高技术的公司，不是什么赚钱做什么。

回顾联想的发展过程，虽然时间过了将近20年，联想的营业额和市值都翻了成百上千番，但这些愿景一直没有变化，一直激励和鼓舞着联想人。

愿景一定是企业的追求，是非常重要的。

——2006年6月在中欧商学院的演讲：《联想的战略制定和执行》

背景分析

概括地说，柳传志对联想的愿景的描述是：百年联想、国际化的联想和高科技的联想。随着改制、分拆交班和收购IBM全球PC业务的成功推进，柳传志提出的三大愿景中，前两大愿景开始变得可信。即便是对目前还距离较远、争议最多的高科技联想愿景，也在努力地接近。至少在柳传志看来，这三个愿景是他和联想人的追求，是他真心相信的。

很显然，柳传志的百年联想愿景是希望联想能长久做下去，做成一个没有家族的家族企业，尽可能地承载他的意志，换种说法，百年联想的背后是柳传志企业家精神的具体体现。

行动指南

愿景好比个人的长期志向，真心做未必能做得成，但不真心肯定做不成。

01月 3日 愿景要灵活设定

在企业很小、业务模式还没有定型的时候，不能把愿景定得太死，否则你就要不断地调整。如果非把愿景定死在那儿，按照愿景做就麻烦了，得先把命活下来，走上轨道以后，再去确定愿景。

——2016 年 3 月在联想之星创业 CEO 特训班第八期
开班第一课现场授课

背景分析

柳传志设定的愿景是有过多次转变的。1984 年，柳传志的目标只是把联想做成一个年销售额 200 万元的“大公司”；1996 年，柳传志和他的同事还沉浸于转化科研成果的阶段；1987 年的联想，刚开始代理 AST 品牌电脑和惠普绘图仪，柳传志想的是把更多的机器卖出去。

大部分的初创企业，没有稳定的业务方向和清晰的盈利模式，如果愿景定得太死，就会失去在战略上灵活调整的机动空间。企业的外部环境与自身资源禀赋的调整，也可能影响到企业的未来愿景。联想有一个宏大的愿景，即成为世界上一家伟大的公司，在不同阶段和不同背景下，柳传志对伟大公司的定义也经历过多次变化。

行动指南

脚踏实地，不要好高骛远。

01月
4日 创办走向世界的计算机产业

我们走过的创办产业之路，已经得到各级领导、国家各大机关和广告用户的承认和赞扬。我们对这条道路充满信心，并决心坚定不移地走下去，争取几年创办出一流的外向型计算机产业，为国民经济做出更多的贡献。

——1989年12月在联想集团成立大会上的讲话：
《创办走向世界的计算机产业》

背景分析

此时的联想刚刚在名字上成为一个准公众公司：就在这次会议前的1个月，中科院计算所新技术发展公司的名字让位给"联想"这个响亮的名字。此时的联想才刚刚得到官方的首肯，这一年，国家有关部门也同意给予联想微机生产的许可，虽然只有5000台的数量，但对于联想来说，这已经是很大的突破。

柳传志这里说的外向型计算机产业，用当时他的讲话描述如下：从1984年到现在，联想累计营业额达到5.5亿元，固定资产超过了5000万元。联想现在拥有360名员工、16个国外的子公司、2个研发中心、1个培训中心、3个生产基地和1个位于新加坡的销售服务中心，以及遍布全国的34个维修站。

取得越多的支持，越能把握更多的成功。

01月
7日 联想要走 AST 走过的路

现在大家可能知道了，联想公司在香港和 AST 公司已经签订了 1000 万美元的合同，要买 3000 台机器，这些机器是面向国内和海外市场的，这一下子等于把 AST 的机器全部控制在我们手里了。

AST 公司是由两个中国香港人和一个巴基斯坦人一起创办的，三个人把自己名字的头一个字母组合起来，就成了 AST。这家创办于 1982 年的电脑公司，到今天在全球有1500 名员工，每年大概有十几亿美元的销售额。

我们要走 AST 的道路。

——1988 年 10 月的内部讲话

背景分析

AST 是什么，今天可能只有很少人知道，但在当时，这是一家很有名的公司。它是第一批能够生产出兼容 IBM 和其他品牌电脑的主机板的公司，因而赢得了全球声誉和市场。之后，这家公司也开始生产品牌机，并借助联想等公司在内地市场的推动，在 20 世纪 90 年代中期红极一时。

柳传志还真按照 AST 的发展路线去设计联想的道路，他先是买下了 Quantum（美国昆腾公司），将它作为联想的制造基地，开发计算机板卡，并逐步推出了自己的品牌电脑。而 AST 因为整体策略的失误以及市场竞争的加剧，逐渐走下坡路，最后卖给三星，退出了历史舞台。

确立适合自己的发展路线。

01月 8日 微机做不好公司没退路

实际上公司已确定没有退路。如果微机做得不好，后边的所有战术动作就都做不出来。今年各个事业部都能上缴利润，香港联想也做得不错，但如果没有自己的机器，其他一切都不行。两三年以后我们要有高难度动作，有大的举动，争取在国内计算机界也要有一个很重要的位置。如果微机做得不好，后边就很难说发展成什么形势。

——1994 年 3 月在联想微机事业部成立大会上的讲话

背景分析

1994 年杨元庆领命微机事业部，不仅仅意味着联想开始尝试以事业部的方式拓展业务，使联想的组织结构更加现代化，也不仅仅意味着联想又多了一个能增加销售额和利润的业务方向；更具决定性的意义在于，联想开始有了自己的品牌，开始从中关村那些买卖机器的公司中显露出来，开始接近柳传志等联想的创办者科技报国的理想。正是由于有这么多的意义与价值蕴含其中，杨元庆也借此逐步掌握了联想的权杖。

行动指南

退无可退，往往是重生的开始。

01月
9日 扛起民族产业的大旗

我们已经开始考虑所谓撤退的问题。如果确实挣不出利润，我们只有忍痛放弃联想国产微机的品牌。这当然是非常痛苦的事情。我们已经注意到生产整机的几个大厂家从去年到今天，为形势所迫，基本已经放弃了原有的品牌，通过和外国公司合作的方式打出了新的品牌。我们自己是企业，所以非常理解这种企业行为，但是如果我们也放弃联想品牌的微机，有可能国产微机就完全不存在了。

去年微机营业额是2亿元，用了1.2亿元贷款。一年周转1.66次，而今天是3亿元的营业额，贷款是6000万元，一年周转5次，仅此一项，贷款利息就节省了1000万元以上。每台机器的组装成本也从150元降到38元。去年联想微机的价格和AST不相上下，再降就亏本了，今天我们LX486/40比AST同档次的机器便宜1200元，LX486/25比康柏同档次机器便宜2100元，还有利润。

我们的具体想法是：

1. 要求政府关注我们，当我们做得好时为我们叫好。只强调民族工业是会引起反感的，老百姓要求用"好货"，而不是"国货"。我们希望电子工业部组织宣传舆论部门监督、检查我们的质量，检查我们的服务。做得不好时，向我们发出警告，我们立即改正；做得好时，为我们叫好。

2. 希望制定有利于民族工业发展的行业采购政策，在性价比相同的前提下，优先购买国产商品。

——1994年9月给电子工业部领导的汇报讲话

背景分析

用柳传志的话来说，这番表白一是想领将令，一是想拿给养。柳传志这番一半表决心一半要条件的话，让当时电子工业部的部长胡启立很欣慰。当时中国的电子工业在胡启立的主持下进入了一个相对繁荣的时期。但同时，整个行业也存在着危机，那就是海外品牌大举进入，国产品牌缺乏市场竞争力，不少品牌因此采取了与海外品牌合资的方式以确保自己的市场。在这种情况下，联想的举动无疑让包括胡启立在内的政府官员感到欣慰。

媒体也对联想的举动表示了支持，《人民日报》在头版报道了联想高举民族工业大旗的行为，让联想这个品牌得到了广泛的认可。

行动指南

充分利用大势，为自己的市场行为扫除障碍。

01月 10日　历史像一本书

在联想的队伍里已经开始出现 1978 年出生的年轻人了。历史像一本书，是一页一页装订成的。在新的页面上出生长大的人很难理解、想象已翻过去的一页上所描述的事情。1978 年出生的这些联想人中，最年轻的成员充满羡慕地在听着大哥哥大姐姐们关于购买新款汽车的讨论，他们无法想象他们的父母在 20 年前，为孩子添置一条棉毛裤都要提前一个月做出预算的窘况。联想集团的创业者们无论如何都没有想到，15 年前他们起家创业的那间中科院计算所的小传达室，竟会成为共和国波澜壮阔的改革开放历史的一个见证。

——1999 年 12 月在联想成立 15 周年大会上的讲话

背景分析

柳传志提到的小传达室是联想创办之初，中科院计算所给的免费办公场地，这个只有 20 平方米的方寸之地，远不能与联想日后自己盖的联想大厦、融科大厦相比。可这间阴冷潮湿的小传达室却承载了联想人当年的创业梦想和温馨回忆。柳传志在 2001

年年底曾回忆说："小平房是寒冷的，张总（张祖祥，联想创始人之一）的那条腿就是在那里冻坏的，但小平房又是温暖的，因为在那儿注定要成长出一棵参天大树。"

不论柳传志怎么对历史进行生动而传神的描述，但正如他所说的，历史像一本书，是一页一页装订成的，在新的页面上出生长大的人很难理解、想象已翻过去的一页上所描述的事情。这也许是他喜欢在联想内部重大时刻搞历史追忆的出发点，也许只有这样，作为创业者的他，才能强化一代又一代的新加入者对联想在情感上的认同。

行动指南

理解上一代人的喜怒哀乐。

01月 11日 要做能让自己长本事的事

我们定了一个长期发展的愿景以后，首先要做的事都是能使我们长本事的事。1993 年至 1995 年，中国掀起了房地产的风潮，当时几乎所有的公司都往里钻。我们几次开会分析以后，认为坚决不能做这件事。一次有可能做好，两次以后就很可能栽下去了，除非对它进行专门的研究，而我们主要研究的是高科技方面的事情。即使做一次挣了钱，但没长本事，以后也干脆不要做。后来有几家中关村著名的大公司在房地产上栽了大跟头，引起了很多的矛盾，而联想则避开了灾难。

——2006 年 6 月在中欧商学院的演讲：《联想的战略制定和执行》

背景分析

联想控股有限公司真是神奇，它的很多子公司都是从其内部业务衍生出来的，比如其旗下的融科智地房地产开发有限公司，最开始是因为开发惠州大亚湾工业园区而形成的队伍，之后因为中科院给地开始做商业地产，然后进军住宅开发领域；北京金白领餐饮有限公司和志勤美集科技物流有限公司则分别是由联想本身的餐饮服务事业部和进出口公司衍生而来的。这很大程度上与联想坚持"淡漠短期利益行为，做让自己长本事的事情"有关。

行动指南

要明确什么事情可以做，什么事情不可以做，能让自己长本事的事情无疑是要优先去做的。

01月 14日 目标是逼近愿景的前提条件之一

在企业的初期状态，目标是一个暗藏的、朦胧的意识。因为你还很弱小，对瞬息万变的市场和企业还缺乏把握，无论你具有怎样的信心，目标对于初创企业至多是一个远大抱负而无法量化。但是，企业必须有一个目标，哪怕是朦胧的。目标是一步步向愿景逼近的前提条件。

——陈惠湘，《联想为什么》，北京大学出版社 1997 年版。

背景分析

很多人容易把目标管理和战略管理混为一谈，其实两者是大不相同的：战略管理指对组织的远景做整体的、抽象的规划，高瞻远瞩，举重若轻，组织的成员只需要理解组织的战略远景即可；目标管理，可以说是一个管理心理学上的概念，指由组织成员共同在理解组织目标的前提下，各自规划要完成的工作目标，强调激励、互动，以及根据成员的意见随时修正组织目标。

行动指南

把你的宏伟愿景分解成可以实现的中短期目标，不断实现这些目标，增强自己的信心。

01月 15日 为振兴高科技产业永存

我衷心地希望，5年之后，10年之后，联想的成绩更加出色，中国的信息产业将一片繁荣。为了这个，联想人应该发出誓言，我们为振兴中国高科技产业、振兴中华民族的信念永存。

——1999年12月在联想成立15周年大会上的讲话

背景分析

柳传志总是把联想的未来与中国的信息产业、中国的高科技产业、中华民族的振兴联系在一起，你可以认为这是柳传志的一种策略，正是这种策略使联想获得了广泛的支持。

你也可以认为这是柳传志那一代人的梦想。

行动指南

赋予自己的行为以使命感。

01月 16日 率先圆梦世界500强

中国的实业型企业冲入世界500强已经是中华民族有能力屹立于世界民族之林的一个标志，它成了中国老百姓的一个梦。联想在努力，同行在努力，其他领域的企业也在努力，大家都在争先。希望联想集团能率先为中国人圆这个梦。

——在联想2000年誓师大会上的讲话：《联想大旗永远飘扬》

背景分析

2007 年世界 500 强最后一名——加拿大的庞巴迪公司年收入为 148 亿美元，联想集团并购 IBM 全球 PC 业务后，加上"联想系"的其他公司，联想控股的整体规模已经无限接近这个数字。2008 年，联想以年度总营业额 167.88 亿美元的业绩，在世界 500 强中排名第 499 位，成为中国第一家以非垄断身份进入世界 500 强的公司。

当时，在国家大力支持的冲击 500 强的 6 家种子选手中并没有联想。不过最终，是联想为国人圆梦。柳传志不可能有未卜先知的能耐，但他却有着造梦并圆梦的能力：他梦想联想成为一家百年老店、一家长久性的公司，梦想联想可以制造自己的电脑，梦想联想可以成为中国计算机产业的领军企业，梦想联想可以走出国门、走向世界……

行动指南

有梦才能成功。

01月 17日 15 年后把炮艇变成航空母舰

各位同人，2000 年联想业务的分拆整合将成为联想发展中的一个重要里程碑。有人将我们现在的规模和国外巨型企业相比，说成是小炮艇对航空母舰，这一点都不过分。而如果将联想自己 1985 年的 300 万元营业额与今年相比，那就是个小木盆了。我们能用 15 年的时间把木盆变成炮艇，我们就一定能把炮艇变成航空母舰，而且也用不了 15 年的时间。

——在联想 2000 年誓师大会上的讲话：《联想大旗永远飘扬》

背景分析

2000 年联想的业务分拆是联想历史上一个很重要的事件，但很难成为联想发展的里程碑，这种因人而分拆的决定要成为拐点的话，也是一个向下走的拐点。

当然，从今天的情况来看，在度过最开始的混乱后，这一分拆开始显现出效果，联想开始逐渐专注于 PC 主业，而神州数码控股有限公司虽然没有彻底转型成为一个 IT 服务巨头，但两家公司都在分拆的 5 年后成长了 5 倍，这至少是个能交代的成绩。而随着柳传志开始在投资领域发力，两家子公司多元化发展的可能性越来越小，这让两家子公司不得不往专业化的方向行进，而这一切，都在朝把炮艇变成航空母舰的方向努力着。

行动指南

即便从头开始，勇气也断不可失去。

01月 18日 我们要成为一个世界性的品牌

联想的目标就是要成为一个世界性的品牌和企业，现在是第一阶段，我们先做中国国内，做好了国内，我们才会考虑海外的运作。现在可以肯定地说，我们一定会使联想电脑成为品牌机，但是我们不会一步到位，我们会通过一个过渡阶段来实现这种转变。

——2001 年 10 月接受《新闻晨报》的采访

背景分析

联想是一个很有趣的企业：一方面，联想是个"民族产业""世界性的品牌"等口号满天飞的企业；另一方面，它又是一个谋定而后动的企业，往往是在一个口号喊得差不多了的时候，就是这个口号接近实现的时候开始动作。这让外人总是不敢小视联想的很多战略性的提法。

以成为世界性的品牌为例，这个目标可能在2001年提出来的时候，大家都觉得十分遥远。但今天我们回头望，联想的确已经是一个世界级的品牌，而其走的路也与柳传志最初说的先做好国内，然后进行海外运作的说法一致。

行动指南

在目标的设定上，胆大一些，再大一些。

01月 21日 成为中国企业的领头羊

联想大家庭的成员企业，一定要看清形势，树立雄心，一定要在中国经济大发展的大潮之中抢占潮头，借机要有大发展，要为自己的企业立功，要为企业的员工立功，要为中华民族立功！10年、20年以后，中国经济又翻两番的时候，中国必然要有一些超大规模的企业出现，成为中国企业的领头羊，那就是你们！

希望那个时候，杨元庆和郭为到美国白宫走走，和美国总统见一见，谈一谈世界经济发展的格局，就像今天江泽民主席会见韦尔奇和戴尔一样。这绝不是豪言壮语。你们一定要有这样的雄心！

——2002年11月在联想全体党员干部大会上的讲话

背景分析

柳传志没有提比尔·盖茨，而提到了韦尔奇和戴尔。提戴尔很自然，戴尔电脑是联想电脑在中国乃至全球最大的竞争对手之一，是柳传志研究和赶超的目标。而韦尔奇在多元化方面的成功经验更让柳传志向往，柳传志担任总裁的联想控股做的正是多元化的工作。柳传志曾经前往美国专程拜会韦尔奇，可惜错过了。

柳传志提到让杨元庆和郭为到美国白宫走走，是基于两个前提，一是中国经济足够强大，二是中国的企业具备全球化的影响力。这看上去好像还有些距离，但对比联想过去创造的无数个不可能，这又有什么不可能的？

行动指南

拥有雄心，它能使你接近目标。

01月 22日 目标当高远

联想应该说有一个很高的目标，向着这个目标不断地坚持，这点也挺重要，坚持什么？还是要有一个目标。我们应该说诚信当然是里面很重要的一点，而稳健未必是更重要的东西，因为这次也许我们做的事情我们自己认为很稳健，别人未必认为稳健，比如说这次对 IBM 全球 PC 业务的收购。总之联想要描绘自己，应该是一个有高远目标、能够坚持、有实力的这么一个企业。

——2004 年就企业 20 年变革接受新浪采访

背景分析

在这次访谈前，访谈方新浪就"联想为什么能成功"做了一个大型网上调查，有 2006 人选择了"联想能成功是因为坚持"；有 1583 人认为"联想比较稳健，所以成功"；1028 人认为联想"比较诚信，所以成功了"。

行动指南

设立高远的目标，稳步推进。

01月23日 为愿景安上保险

（我心中的联想是）一个创新型的公司，不创新会落后，但是创新冒的风险也是很大的。我还是希望公司能够处于一个更保险的状况。有一支部队尖兵突进，又有部队能够保住碗里的饭。我就是想做一个那样的企业。在当时，年轻的同事足以把我们的电脑和代理业务做好。我和朱立南希望进入一个别的领域，我们不约而同都看好风险投资这个领域。

我们是在学习他们（GE，指通用电气公司）所走的路吧。当时，他们若干项主业都形成了一个个坚实的柱子。我们凭自己以前的一个柱子，然后从那里面取到一定的钱，才去做投资。投资赚了钱，再来形成柱子。我们会难很多，至今我们也没能够形成若干个坚实的柱子，还是以一两个柱子为主。

——2018年9月，《财约你》节目采访柳传志

背景分析

1998年，柳传志到GE的学习基地住了10天。当时美国商学院的主流思维是反对企业多元化，但是GE的业务并不专一，在金融、发动机、医疗器械、生化等方面都展开了多元化经营，而且都做得很成功。

这件事给了柳传志灵感。创新伴随着风险，也会面临危险。柳传志希望公司能够处于一个更保险的状况，既有一支部队尖兵突进，又有部队能够保住自己碗里的饭。所以，创新应该是局部性的创新行为。为了将风险隔离在联想之外，柳传志在研究GE之后制定了一套投资加实业的双轮驱动的业务模式，并配以适合联想的组织形式，走上了自己的风险投资之路。

行动指南

多元化能够分散创新带来的风险。

01月 24日 国际化愿景

奥林匹克运动是我们实现国际化愿景的载体,它不仅能帮助我们培育国际化的市场,培育国际化的队伍,同时也能为联想品牌和企业文化注入新的激情和活力。

——2004 年 3 月的讲话

背景分析

现在看起来,联想顶替 IBM 成为奥运会顶级赞助商和对 IBM 全球 PC 业务的并购是组合拳,这无疑将加大联想国际化成功的概率。但外界对联想成为奥运会顶级赞助商的举动持谨慎乐观的态度,毕竟,这不是一笔小投入。如果按照以往的现金赞助费和支持费用 1∶3 的比例,那么,付出 6500 万美元赞助费的联想一共要掏 2.6 亿美元出来,这不是一个小数目,相当于当时联想将近两年的利润。更重要的是,即便之后有并购 IBM 全球 PC 业务的组合拳,留给联想的时间和空间也不是特别充裕。

不过,柳传志更看重的是赞助奥运给联想带来的软文化因子作用,那就是当年联想无往不胜时代的激情和活力,这或许能帮助联想提速。

行动指南

寻找让自己时刻保持激情和活力的外部力量。

01月 25日 我们要为中国企业争取好的座次表

这次收购是联想用进取创新精神取得的战略突破,为中国企业走向国际化探索道路;这次收购成为中国企业在 IT 领域规模最大的国际直接投资,特别是和 IBM 的合作,大大提升了中国企业及 IT 产业在全球的地位。日本和韩国在全球高科技的座次表中已经有了相当靠前的席位，然而他们在十几年乃至二三十年前，也是由领先企业冒着极大的风险进行突破而逐渐取得了今天的地位。而联想现在起到的正是中国企业领头羊的作用。

——2004 年 12 月 8 日就联想收购 IBM 的 PC 业务

给联想全体员工的一封信

背景分析

2004 年 12 月 18 日，联想以 6.5 亿美元现金及价值 6 亿美元的股票收购 IBM 全球 PC 业务，一夜间成为全球第三大 PC 厂商，并成功跻身世界 500 强。由于与 IBM 的艰难谈判持续了 13 个月，这宗轰动全球的并购案到年底才出笼，而在此之前的几乎一整年，联想时时遭遇质疑和非议，业绩下滑、裁员、高层减薪，种种负面消息不断，"联想的路走错了"之类的话不绝于耳。柳传志被迫屡屡出面澄清和灭火，并"诚恳地对（被裁减的）员工说对不起"。联想就是在这种尴尬氛围中迎来了它的 20 岁生日。但随着并购的揭晓，人们发现，联想这家中国最具使命感的企业，以这次战略性的突破，为中国企业进军全球市场带来了最大的希望。

行动指南

争当领头羊。

01月 28日 联想的四大贡献

第一，联想立足本土，在与国际强手的竞争中初战告捷，在中国和亚太市场占据领先优势。由于有了本土的 PC 品牌产品，国内信息化建设的成本大幅降低了。第二，为中国高科技产业化探索了道路。联想之路，可以说是国内科研机构高科技转化为生产力，并创造商业价值的成功典范。第三，成功实施了联想股份的改造，为国有企业，特别是高科技企业产权机制改造提供了可资借鉴的范本。第四，总结和提炼了以"管理三要素"为核心的管理理论，选拔和培养了优秀的领军人物。

——2004 年 12 月 15 日在联想成立 20 周年大会上的讲话

背景分析

与联想成立 15 周年大会时对联想贡献的提炼相比，20 周年大会时总结的贡献少了一点，只有四点，不过，第四点是 5 年前第四点和第五点的融合。对一个企业来说，能对所在产业（信息产业）有贡献，对所从事的事业（科技产业化）有贡献，对同类性质的企业机制创新（通过股份制改造实现国有民营）有贡献，对企业运行规律（管理三要素和接班人培养）有贡献，那还需要其他什么样的贡献呢？

行动指南

问问自己，对组织有无贡献，将会有什么贡献。

01月 29日　愿景分阶段达成

联想控股公司的愿景中有一句话，代表了我们整个想法，这句话就是：我们想要在若干的行业里边有自己的领先企业。而刚才我也讲了，当时时兴的商业理论跟我们的这个想法并不是一致的。我们走了 15 年了，这 15 年我们到达了通往我们愿景目标的第一个里程碑。这个里程碑的标志当然就是我们今年 6 月在香港 H 股上市。这 15 年期间由于科学技术、商业模式的不断创新，厚积薄发，使得我们整个社会、世界都发生了巨大的变化。我们现在就是要努力消化这个变化，学习这个形势。所以上市以后的三个月，我们一直按兵不动，在认真地研究形势，当然主要是研究我们想要进入的行业的形势。我们学习、研究战略战术，始终在沙盘上反复演练。

——2018 年 9 月，央视《对话》节目采访柳传志

背景分析

1984 年，柳传志创业之初，行业中的竞争对手有数万家，到了 2000 年左右，除了最顶尖的 5% 的公司，其余的都被技术创新、物竞天择的规律淘汰。为了不把鸡蛋放在一个篮子里，联想走上了多元化的道路。

到了 2015 年的时候，联想控股上市，又朝着愿景迈了一大步。但是公司不能够只看愿景不看脚下，联想如今身处的商业环境和 15 年前相比又有了巨大变化，愿景是前进的方向，但是在微观操作上，企业管理者要因时制宜，与时俱进。

行动指南

不要一味朝着愿景猛冲，偶尔也要停下来看看前路怎么走。

01月 30日 联想的愿景能够代代传承

"产业报国"是我们的初心，也是我们的愿景。实现愿景并不容易，需要一代代联想人矢志不渝地拼搏。因此，传承计划就格外重要。我们花了多年时间在公司治理、制度设计和管理文化锻造等方面进行认真规划、完善，并着意锻炼、培养和选拔领军人物，建设人才队伍。

——2019 年 12 月，柳传志、朱立南致联想控股全体同仁的一封信

《愿邀风云共年华》

背景分析

联想成立 35 周年之际，柳传志辞任第二届董事会董事长、执行董事及提名委员会主席职务，正式退休。关于继任者宁旻，柳传志对他的看法是，"高度认同企业愿景和联想核心价值观"。

柳传志特别强调联想是"没有家族的家族企业",家族式企业管理者的事业感最强,因为企业是自己家的,管理者最有主人翁意识。联想是由国企改制转型而来的股份制企业,没有家族企业的根基,继任者对于"家族意识"的传承,相当一部分是来源于对于公司群体意识中企业愿景的理解。

长远的愿景不是一代人的事情,而是代代人的努力。要想保证公司不左摇右摆,朝令夕改,接班人能理解和认同公共愿景是重中之重。

行动指南

在挑选接班人时,着重考察接班人对于公司长远愿景的认可程度。

政治与外部环境

 **感谢邓小平**

第一个要感谢邓小平。年轻人一开始接触社会，面对的就是一个相对已经比较开放、信息比较通畅的社会，但是 20 年之前、30 年之前是什么样子，你们根本不知道。

————2004 年在联想控股成立答谢会上的讲话

> **背景分析**

对于联想来说，做企业决策时，一般是从自己的情况出发。当年股权制度设计，后来走国际化路线等都是企业行为。但是邓小平的"南方谈话"，对企业起了极其重要的作用。从 1989 年到 1991 年，世界经历了东欧剧变和苏联解体，这么多社会主义国家都出了问题，该如何解读背后的原因？当时一种普遍的担心是，中国还会不会继续高举社会主义大旗。当时的一些舆论让很多人疑惑，中国是不是要走资本主义道路，或者中国会不会走回头路。也有人认为，东欧剧变和苏联解体是因为走了资本主义道路，受了不良影响，如果真的这样来总结，中国就很可能会走回头路。当时，柳传志也曾感到紧张和担心。

邓小平的"南方谈话"，释放了一个信号，打消了人们的顾虑，让柳传志这一批人可以安心做好自己的企业。所以，柳传志说感谢邓小平是发自内心的。

时抱感恩之心，从容面对人生沉浮。

 不在改革中犯错误

我在做联想的时候，给自己画了一条底线，其实挺起作用的。这条底线就是，我不在改革中犯错误。最开始这句话是：不做改革的牺牲品。后来有人提意见说这句话不好听，就把它改成：不在改革中犯错误。这句话还是很重要的，你要弄清楚什么事情能做，什么事情不能做，不能在不行的时候强行去改造环境，那一定会头破血流。1984 年和我同时起步办公司的有好多出名的人物，好多出名的企业家，但今天还在位的不多了。这些人其中有相当一批没有把握好这个问题。拿褚时健来讲，他也属于这种类型。要想把事情做好，就要审时度势，要提前拐大弯。

——在清华大学的演讲：《怎样做一名好总裁》

背景分析

褚时健是谁？对于年轻一些的读者来说，这个名字会有些陌生。不过，放在 10 年前，作为当时中国最大也是最赚钱的烟草集团——红塔集团的董事长，可谓天下无人不识君。

褚时健在 1999 年 1 月 9 日以贪污定罪（贪污的金额就是私分所得的 174 万美元），经云南省高级人民法院审理被处无期徒刑、剥夺政治权利终身。之后减刑为有期徒刑 17 年。在监狱一年多、劳改两年多后，于 2002 年春节保外就医，回到家中居住。和他相伴的，是已经 70 多岁的老伴，他们的女儿在狱中自杀身亡。

褚时健的失足，主要是由于他心态失衡，在改革中犯了错误。

行动指南

审时度势，预则立，不预则废。

02 月 5 日　做企业好比孵小鸡

对于企业的发展来说，周边的环境也极其重要。拿鸡蛋孵出小鸡的事情来说，37.5～39℃的温度最为合适。那么，40～41℃的时候，鸡蛋是不是能孵出小鸡呢？我想生命力顽强的鸡蛋还是能孵出小鸡的，但到了100℃的温度就一定不行了。对企业来说，1978年以前可能是100℃的温度，什么鸡蛋也孵不出鸡来。而党的十一届三中全会以后，可能就是45℃的温度，生命力极强的鸡蛋才能孵出来。到1984年我们办联想的时候，大概就是42℃的温度。今天的温度大概是40℃左右，也不是最好的温度。因此，生命力顽强的鸡蛋就在研究自己周边的环境，一方面促使环境更适合，一方面加强自己的生命力以便顽强地孵出小鸡来。

——在清华大学的演讲：《怎样做一名好总裁》

背景分析

"橘生淮南则为橘，生于淮北则为枳，叶徒相似，其实味不同。所以然者何？水土异也。"对于环境的作用，齐国智者晏子有过精辟的阐述。

柳传志的"鸡蛋论"则把企业比作鸡蛋，把环境比作孵化鸡蛋所需要的温度，这个比喻在强调了外部环境的作用的同时，也突出了企业本身对环境的研究、适应能力。

行动指南

研究并适应外部环境，只有这样生命力才能旺盛。

保持内外部空气湿润

做企业，要保证企业内外部的空气湿润，这样企业才能健康发展。内部有清醒的气氛，外部在这个行业、在较大的地区有湿润的空气，才能保证企业即便真的有了问题，这个问题也不至于带来连锁反应。年轻同志容易浮躁心态，特别是联想每年有这么多大学毕业生进来，有时年轻人口出狂言，对用户不尊重，甚至对领导不是很尊重，这种情况要特别引起注意。

——2001 年 11 月接受赛迪网的采访

背景分析

柳传志的担心现在回头来看是有远见的。2003 年，随着联想多元化发展受挫和主业下滑，媒体上曾出现过关于联想大企业病的集中报道，在表示对联想未来发展的担心的同时，直指联想的骄娇二气。虽然在客观上，当时联想陷入被动与那几年不断打胜仗、企业规模不断做大、光环也越来越耀眼有关，但主观上，没有重视在企业内外部保持空气的湿润也是当时联想陷入被动的问题所在。

行动指南

谦恭一些，再谦恭一些，这样能为你和组织营造一个湿润的环境。

凡事需要拐大弯

在 1987 年前后，吴敬琏老师带着工作组已在中关村进行过股份制改造，但我没有找他们，认为时机不合适。这和开车拐大弯是一个道理，开车到一个地方急着拐，就要翻，如果提前知道要拐，就能拐过去。

1993 年，我们觉得时机差不多合适了，向中科院提出改制，实施员工持股制。虽然没能一步到位，但拿下分红权也是一个进步。

这笔分红我们并没有贸然分掉，直到 2001 年，政策允许将 35% 的分红权转为员工股份后，我们才把这笔分红拿出来，购买了股份。

——2006 年 11 月接受《中国经济周刊》的采访

背景分析

1987 年的联想还很小，即便是在中关村，也排不上号，与"两通两海"相比，联想还差很远；从另一个角度来说，即便规模够了，当时的政策环境也不是特别合适。正是基于这两重考虑，善于为联想争取的柳传志并没有在那时急着谋求改制，但拐大弯的心思应该已经生根发芽了。

最终的结果是，虽然四通等企业先期完成改制，但后改制的联想不仅更彻底，而且实际的效果也更好，今天的联想规模数百倍于四通，并取代其成为中关村乃至中国高科技企业中的标志性企业。

行动指南

学会拐大弯。

 ## 宁可不做，不可做错

如果大环境不好，求助于小环境；小环境不好，试图改造小环境；改变不了，宁可不做也不当改革的牺牲品。

——2006 年 11 月接受《中国经济周刊》的采访

背景分析

柳传志这段感慨由来已久，其触发点为联想集团当年与南方某海关的一段恩怨。1992 年，联想在深圳建立了自己的生产基地，每天从香港用货车拉元器件到深圳组装成机器，曾遭到当地海关的不公正对待，那时候的联想"年幼无知"，把这事告到了海关总署，海关总署派人处理这个事情，处理结果是批评了当地海关。"我们这边虽然是赢了，但从此以后我们的日子就不好过了。"那之后，由于形势所逼，联想的生产基地被迫迁往广东惠阳。柳传志认为："后来觉得自己只应该关注企业的发展，纠正其他不良风气不是我们的责任。"1998 年前后，海关内部进行彻底整顿以后，情况才有所好转。

行动指南

改变自己能改变的事情。

 高科技企业的四道关口

高科技企业发展有四道关口：第一是观念，第二是环境，第三是机制，第四是管理。重要程度未必按这个排法，环境只是其中的一个。到后来，大家就要拼机制拼管理等。对年轻同志在环境认识上的建议主要是：一个企业在成活的时候，会受到方方面面说不清的压力，这些东西如果单个来的话，还能应付；有时候问题连续出现或者叠加在一起出现，就会有要死要活的危险。这种情况曾经发生过，但是大多数情况下都是单个来的。两三个压力如果挤在一起同时来，这个企业可能就要受不了了，我就要受不了了。

——在清华大学的演讲：《怎样做一名好总裁》

观念、环境、机制、管理，这是柳传志指出的高科技企业的四道关口，也可以说是联想发展过程中曾经历的阻碍，其次序也是联想所遇到的次序：一开始联想过的是观念关，后来发现要克服环境带来的种种不顺变得很重要，环境变好后又发现企业的机制需要革新，机制问题逐步解决后是管理问题。

与同时代的企业家往往忽视环境对企业的影响相比，柳传志的高明之处在于，他很清醒地认识到环境是影响企业生存的一大变量，而且是占有相当权重、难以控制和掌握的变量。

行动指南

对于你不能掌握的外部变量，要给予足够的重视。

时代在改变

我刚办企业的时候，在企业生存的环境是什么、怎么样能够拿到批文、怎么样能够不触犯法律同时还能够活下来等问题上，花费了大量的精力。我想，这些东西对以后的年轻人来说毫无用处，我相信将越来越没有用处，因为中国的环境已经变得越来越好了。

——2019年12月，第一财经专访柳传志：
《第一财经对话柳传志：困难无其数，从来不动摇》

背景分析

联想创立是在1984年，中国改革开放刚刚起步，计划经济占主导地位，市场经济仍处于萌芽期。柳传志要从头开始了解什么是卖东西，整个社会对于市场都没有经验，政策上也没有配套的规定。最开始柳传志向电子工业部申请生产批文，被电子工业部拒绝，理由是我国已经引入了80多条生产线，全都赔本。柳传志只能想方设法在香港特别行政区开了一个小作坊做主机板。后来，联想的主机板在美国拉斯维加斯展览，被有关领导看到后，柳传志才拿到了批文。

现在社会发生了重大改变，柳传志对现在的创业环境给出了乐观评价。新时代的创业者在学习前人经验的同时，也一定要注意时代不同，应对方法也不同，不能原样照搬。

行动指南

因时制宜，不要盲从盲信。

02月14日 把政策用足

有人是钻政策的空子，我们是把政策用足。在用政策的时候，我们和他们还是有区别的。区别在哪儿呢？有许多公司，我们觉得他们在政策的边缘行走时，这个脚的外侧已经在边缘上了，稍微歪一歪就可能下去了。而我们呢，脚总是还离边缘有那么一寸远的距离，不能离远了，也不能贴太近。所以我们希望做堂堂正正的事，真正到国外较量一下，而不能老去钻空子。

——1988 年 12 月的内部讲话

背景分析

合法的生意不能活，不合法的生意不能做，这就是联想当年所处的窘境。柳传志为公司定下的方针是在合法和非法之间寻找空间，这无疑是一种无奈之举。

柳传志希望在合法和非法之间寻找落脚的空间，可"常在河边走，哪有不湿鞋"，如何保证落脚的时候步步周全，如何确保离边缘还有那么一寸远的距离，都极度考验人。

行动指南

夹缝中求生存。

02月 15日 为公司冒险值不值?

民办公司的老板更拼命地工作，敢于冒险，他们算过利弊得失以后，觉得冒险值得。国企领导者干劲就差了很多，因为他们也把利弊得失算得很透彻。累出病来只能吃劳保，出了娄子自己要承担责任。因此在为了工作而导致个人要承担责任的时候，他们就不会挺身而出，不顾工作会受多大的影响；而如果和自己的私利有关，适当地冒些风险则在所不惜了。

——1989 年 4 月给中科院领导的一封信

背景分析

这封信在联想历史上是意义颇为重要的一封信，信里主动讨论起联想的体制问题，这无疑是聪明的。其聪明之处在于，此时的联想正处于被人上告的敏感时刻，遇到这种情况，寻求中科院领导的支持和认可是最关键的，但由于联想创办初期和中科院的关联不够紧密，不免会出现"出了事情就想起找中科院领导，事情完了就拍拍屁股走人"的怨言。这封信不仅打消了中科院领导们的顾虑，为当前事情的解决取得了一个很好的软环境，同时也充分地展现了联想创业者的抱负，为其日后与中科院领导沟通打下了很好的基础。

行动指南

超越利益，会获取更大的利益。

功劳是大家的，风险是个人的

作为公司的法人代表，我的工作是艰难的。最艰难的地方在于冒风险，冒商业风险和政策风险。越过风险以后，全体同志共享共同拼搏的成绩，如果越不过去，法人代表就要代表大家来品尝苦果。

——1995年6月"柳倪之争"后的公开讲话

背景分析

联想历史上有无数个坎儿，柳传志自己也承认，一生曾替公司、他人背黑锅无数，忍受了别人不能忍受的诸多难堪。难能可贵的是，他在冒这些风险、忍受这些苦难时，自己的身份还只是一个代理人，而不是企业的所有者。常人遇到这种情况，也许一两次就退缩了，老柳的执着和远见使他等到或者说走到了改制成功的那一天。

行动指南

吃得苦中苦，方为人上人。

政策受执法者的影响很大

政策风险的产生是因为我们国家的政策和法律（比如外汇政策、税法、海关法等）在不断地演变、完善。企业要理解在转轨期国家法律和政策的不严密、不自给；国家也应该允许企业在不成熟的政策面前有转圜的余地。但这都是要通过人来实现的，人的眼光、立场、好恶不同就导致了截然不同的结论。

——1995年6月"柳倪之争"后的公开讲话

背景分析

柳传志的这段论述多少超出了一般企业家思考问题的范畴，更多地站在一个政治经济学家乃至官员的角度来进行阐述。但在当时的语境下，这种叙述逻辑和话语表达无疑是聪明的、讨巧的，却又是客观的。

行动指南

学会用对方的叙事逻辑来表达，提高沟通的效率。

环境逼着你冒风险

现在经营企业很难，不光有决策风险、管理风险，还有政策风险。国家一天天在转型，政策一天天在趋于合理，但是我们的企业现在存在各种各样的困难，如果不想一点办法、冒一点风险，可能一天都不能生存。这就要求企业经营者不光要有才能，还要有超强的奉献精神。为什么国有企业通常办不好呢？就因为经营者要么因为公有资产无人负责而浑水摸鱼，要么因为公有资产与己无关，但求无过。

即使我们极其小心地、战战兢兢地处理各种敏感问题，也照样有可能导致锒铛入狱的结果。如果再有人死盯着你不放，不断从工作中寻找各种上纲上线的毛病，那么企业的领导人只有两条路：要么辞职；要么就任何事情都不做，和企业一起坐以待毙。

——1995 年 6 月"柳倪之争"后的公开讲话

背景分析

柳传志冒过的那些风险，今天看来都是不值一提的。比如在奖金超出工资部分课以 3 倍税负的情况下，他冒险开支票到南方直接取现金给优秀员工发奖金；再比如在1990 年冒险买走私入境的配件进行机器组装，那时的实际情况是根本没有平价的配件在市场流通，通过正规渠道进口的配件往往价格奇高。这些风险，或是制度落后必须绕着走，或是环境使然必须做相关变通，因此不得不冒一些风险。柳传志的智慧在于，他知道什么样的风险可以冒，什么样的风险不能碰。比如在那个走私普遍的年代，柳传志严令不准走私，但他从不说不能使用走私货，所以联想有时会用非常手段，从一些渠道买一些配件，这样做虽然也冒风险，但不违法，最多也就是遭受经济损失，不至于银铛入狱。

行动指南

设立行为底线，超越底线的风险不能冒。

02月 21日 改造局部小环境

　　我们的国家处于社会主义初级阶段，所以很多事情都还缺乏相应的配套政策，这就使得企业的生存环境中会有很多不应时的东西。举个例子，如果等到现在我们再来解决员工持股比例这一机制问题，那就很难解决了。我们当时是怎么做的呢？关键是我们在从中科院拿到35%的分红权之前，在内部就先把分红权进行了分配。我们这个班子的人在一起讨论，如果有了分红权，我们应该怎么分配。这为什么重要呢？当对着空饼进行分配的时候，不容易产生矛盾。但当真的饼放在这儿，而且是价值增长得很快的时候，分配就很难了。所以当只是空饼的时候，我们可以只就分配的原则谈，容易谈。今天我们再做微调时，就没有什么过不去的问题。所以就是事前要看好，然后再拐大弯来做，它就好做得多。因此我觉得企业在改造局部小环境方面，还是可以有所作为的，不要老抱怨。

——在清华大学的演讲：《怎样做一名好总裁》

背景分析

《联想为什么》一书的开篇讲述了这么一个故事：联想第一年赚了70万元，11位创业者开会后一致决定，把这笔钱留下，投入到公司的继续发展中。有了这个故事做铺垫，可以想见，1993年把分红权给予联想的时候，柳传志主导的虚拟分配很容易得到第一代创业者和主要骨干的认可。更何况，柳传志是在分红权下来前先做的虚拟分配，回避了具体和实际数字给当事人巨大心理冲击这一事实，这种空对空的先期沟通无疑能很好地统一思想。

行动指南

先就原则性问题取得一致意见，再针对具体事务进行讨论。

02月 22日　树大容易招风

什么叫树大招风，几年前你做的事可能得到的是支持和掌声，但现在以同样的方式做同样的事可能得到的是批评和非议。因为我们现在是著名企业了，从用户到媒体对我们企业的产品和形象就会有更严格甚至苛刻的要求——当然在这个竞争的社会里会含有攻击的成分。我们必须从批评中汲取营养，我们也必须冷静地面对嘲讽。当想到这是养育我们的本土市场，这是我们赖以生存的本土市场时，我们自然会小心谨慎、兢兢业业地对待它。当想到联想要为之奋斗的远大目标时，我们的心胸一定会豁然开朗。

——1999年12月在联想成立15周年大会上的讲话

背景分析

柳传志的这段话，在当时听来，多少有些杞人忧天。当时的联想，正处于高速发展的时期，被奉为产业的榜样、民族的脊梁。不过也就是在三四年后，联想第一次没有完成之前制定的三年规划，联想内外陷入一片指责和批评声中，这种批评和指责甚至超越了对一个公司正常的、善意的批评和指责，很大程度上是因为那几年联想多少有些自大的情绪。

行动指南

海纳百川，有容乃大。

02月
25日　联想面临多重考验

现在的不确定因素中，有三大颠覆性因素：

第一大因素，是中国和国际的政治和经济形势。这个影响，太小的企业可能暂时还感受不深，一些中型企业今年应该深有体会，很多企业通过股票质押进行资金周转，股价一跌以后马上就面临生死。要是企业对这些情况完全没有预防，突然间发生就会措手不及。还有国际关系，对很多制造业和高科技领域的企业都有直接影响。

第二大因素，是科技带来的行业颠覆。当年 ERP（网络公共关系系统）刚出现时，有 ERP 和没有 ERP 的企业根本没法相提并论，我们在没有做 ERP 以前，联想集团有 200 个会计在那儿算，大概要一个多月才能得到上个月比较准确的销售数据，还不敢说很准。有了 ERP 以后，仓库里一动，财务账本那儿立刻就改了，这就是科技的力量。

第三大因素，是业务模式的颠覆。比如说现在的生态布局，你做着做着突然被包围了，这些事该由谁来关心，谁来看着呢？就是 CEO。

——2019 年 1 月在君联资本企业发展研究院三期班毕业课的分享

背景分析

诺基亚前 CEO 奥利拉说过一句经典的反思之语："我们没有做错什么，但不知道为什么，我们输了。"但全世界都清楚，没有看清形势，不能全力应对竞争，就是诺基亚输掉这场战争的根本原因。

联想所处的境地与 2010 年的诺基亚有相似之处，它们都在各自领域名列前茅，也都受到了技术进步带来的迭代危机。移动互联网时代，全球 IT 厂商都需要开拓思路，应对 PC 业务增长下滑的事实。科技创新、业务模式创新能颠覆一个产业。联想收购摩托罗拉、拓展移动业务的效果并不如 10 年前收购 IBM，如何应对时代的更迭，是联想面对的严峻挑战。

行动指南

重视创新，紧跟时代。

学习互联网思维

从业务层面上看，互联网能起的作用非常明显，比如说像供应链、品牌和营销等；从管理层面上看，有了互联网之后，管理架构也可以进行调整，企业文化也可以进行调整，比如有的企业开始实行层级合伙人的管理体制，我觉得这是有了互联网之后才能做到的。这两个层次都是值得我们认真考虑和利用的。

另外就是业务生态系统的建立，有了互联网之后，我们可以把不太相关的业务联系在一起，形成一个互联支持的生态，我觉得这个非常重要。对于联想控股来说，由于我们有投资业务，财务投资和战略投资一共投了几百家公司，这些公司即使是退出之后依然和我们保持着很好的联系。这就能够形成一个矩阵，一个互相有利的生态系统，也是互联网对我们的启发。

——2016 年 10 月，柳传志在中国电子商务发展峰会上的演讲：《应对变化》

背景分析

联想是老牌的 IT 公司,在 20 世纪八九十年代,是高科技和新产业的排头兵,但在信息产业飞速发展的 21 世纪,联想要补的功课还有很多。早年 BAT 都曾上门找柳传志谈过融资,但是当时因为联想经济实力有限,以及自身眼光不够等原因,全都错过了,柳传志后来也深感惋惜。

最让柳传志触动的一件事是,马云有一次谈到,以后淘宝要做到 1000 亿的年销售额,那时候联想还没有并购 IBM,年销售额大概二三百亿,柳传志觉得马云在说大话。没想到四五年之后,淘宝就做到了 1000 亿,而且还要向万亿迈进了。柳传志赶紧把马云请到公司做了一遍分享。

互联网公司能够从业务和管理上给柳传志带来双重启发。他提到的利用互联网优势,第一是利用互联网技术,解决传统企业发展中浪费资源、效率低下的各种问题;第二是学习互联网公司的文化建设和管理体系;第三是学习互联网公司的生态建设。

行动指南

对新技术新模式要有敏感性。

02月 27日 关注世界形势

这个时代,突出的特点就是不确定性,格外多维的不确定性,包括中国内部的政经形势,还有国际上的形势。

美国,特朗普上台;欧洲,不仅仅是英国脱欧,还有宗教冲突。这些也许会在突然间,引起整个世界的变化。像以前几次,历史上的和我自己亲眼见过的,某些微小的因素实际隐藏着火药桶。

——2018 年 3 月,吴晓波在《十年二十人》节目采访柳传志

背景分析

　　英国脱欧，欧洲宗教冲突，以及近年来的中美贸易之争，中国企业政治性风险的阴影正日益浓厚。柳传志生于1944年，经历过第二次世界大战、美苏冷战、东欧剧变，对于世界局势动荡的风险有着深刻的认知。国际形势是一个重要的不确定点，特别是对于联想这样一个以成为具有国际影响力的企业为愿景的公司，逆全球化思潮的涌现是联想的一个难关。

　　2018年5月的《哈佛商业评论》增刊认为，某些政治风险让公司一败涂地的概率很高，所以管理政治风险已经成为战略要务。因此面临目前的国际政治环境，所有中国的大型企业都要慎之又慎。

行动指南

　　关注国际局势，重视政治性风险。

 弘扬正气，肩负责任

　　当然，在千千万万个民营企业之中，有少部分或者极少部分不讲诚信、不讲道德，只顾短期利益，给中国的民营企业、给中国的经济带来了极坏的影响，也给中国民众的生活带来很大的损害。但是，中国实行市场经济的时间仅仅30多年。所以，泥沙俱下、鱼龙混杂，这是必然的。但是我们绝不原谅，正因为这样，所以才有了中国企业家俱乐部。

　　作为中国民营企业的领头羊，我们要坚决弘扬以诚信为主的商业正气，我们肩负着社会责任。正因为我们自己要过好日子，我们的员工要过好日子，所以我们努力地工作，不断创新，创造价值。所以，我们希望有好的环境，希望中国好、世界好、整个地球都好！

　　　　　　　　——2012年7月柳传志在伦敦切尔西荣军医院"企业家之夜"活动中的演讲

背景分析

很多人对柳传志积极参与中国企业家俱乐部这样一个非政府组织感到不解。柳传志的解释是，中国企业家本身需要一个组织能够代表商业群体向政府、老百姓发出正气的声音。中国不是一个无商不奸的国家，有许多企业家在追求理想。中国企业家这个群体最需要社会的安定，他们也是改革开放的受益者和推动者。

行动指南

寻找让自己发出正气声音的机会。

品牌与营销

 抢在对手前降价

外国人是怎么赚钱的？他们向市场投放新产品时，先高利润地赚一把，差不多的时候再降价让大家去竞争，历来如此，尤其是卖到中国的机器。当我们的微机有了声誉之后，当我们的质量、性能确实不比外国差之后，我们大幅度地降价，外国人怎么办？他们有几个难处。任何一家公司，其本土的代理价格肯定要比海外低，在中国也是如此。如果我们将价格一下子降下来，他们也不得不降价，这样他们的价格就有可能比其本土的价格还低，否则就无法与我们竞争，这样他们就进退两难，我们则可乘胜追击。

——1996 年春的内部讲话

背景分析

1996 年春天，一家调查机构给出一份让联想人激动的报告，该机构通过对消费者进行调查，得出结论，联想是最受消费者喜爱的计算机品牌。而在这个春天里，联想也发动了春季攻势。春季攻势的第一个月，联想卖了10000台微机，第二个月则是18000台，比1995年同期多了2倍，同时也取得了930万元利润。柳传志在得知并确认这个好消息后欣喜万分，这位善于总结的企业家经过研究，认为联想的胜利是因为找到了外国品牌的降价规律。

行动指南

以子之矛，攻子之盾。

03月 4日 台湾对大陆市场有很强的借鉴意义

台湾有大量值得我们借鉴的东西。台湾的市场经济比大陆进行得早，也有很多好的观念通过台湾传到大陆。比如IT业，台湾是用循序渐进的方法产生出来的，先从机箱、键盘、电源做起，一步步地深入，越做越大，形成面，最后向高技术领域挺进。另外，台湾都是民营企业，没有用别的资源，这些都给我们树立了极好的榜样。

第二个是专业技巧，比如规范化管理大规模制造业的技巧等，都值得我们学习。这些东西不停地向大陆员工渗透，自然会对大陆有很大的好处。如果合适的话，我们可以聘请台湾的员工到我们这边做高层员工，他们也会来，现在两边的工资也差不多。假如没有政治问题的影响，两边会非常快地进行融合。而且我觉得和台湾的融合与香港不一样的地方是，不存在语言问题，对历史的了解程度也差不多。所以台湾企业进入大陆市场，一定会促进大陆市场，带动大陆企业的发展。大陆的企业不可能在一边等，比如像我这样的人就会出来研究，然后展开竞争和合作，所以我相信促进和推动的作用会很大。

——2002年5月接受《东方企业家》杂志的采访

背景分析

这是柳传志对"台湾IT业将给大陆IT业带来什么冲击"这个问题所做的回答。台湾IT业以大力发展个人电脑和周边产品起步。这一产品定位，处于IT业的中游水平和产品微笑曲线利润较高的地带，既避开了激烈的竞争，大大节省了在市场、技术等先期开发的高投入，又有效利用了台湾在人力等资源上的优势，为台湾的信息企业获得了市场和效益。20世纪80年代后期，电脑市场需求激增，带动了电脑及周边产品市场的急速扩张，推动了台湾信息产业的快速发展。目前，台湾企业有14种信息产品的市场占有率居全球首位，其中扫描仪的市场占有率为91%，电源供应器为75%，主机板为64%，牢牢地占据了这些产品的大部分市场。

行动指南

学习对手的出色之处。

03月 5日 浮躁会对品牌形成巨大冲击

改的时候，开始我还可以笑着听。到后来，再做不下来的时候，你就得考虑考虑是什么东西在作怪。浮躁！你们别怪我激动，我是什么出身？报纸上说我是卖菜的。菜，我是没卖过，但是确实是做小买卖出身。不能说我没有大志，但是一是一，二是二，不能只说大话，事却做不到！

这么多年，大家知道，联想、神州数码，出去谈什么事情都好谈，为什么？是因为有品牌在这儿，品牌怎么形成的？这18年如一日，要防止人家蒙咱们，咱们坚决不能蒙任何人，就这么形成的这个牌子。

而我们真的做到后来，真的诚信了，我们也老了，也该退了，咱们下边得有人接着啊，杨元庆、郭为、朱立南、陈国栋，还有咱们新来的这些同事，你们得接着啊，你做个小买卖做多大啊？把这个事情毁了行吗？我能不跟你们眼红吗？

——在2003年联想"入模子"会上的讲话

背景分析

2001 年 5 月,联想餐饮服务事业部独立,注册为北京金白领餐饮有限公司,成为联想控股的子公司。该公司虽然持续赢利,但从其诞生起,关于柳传志欲将其转手的传言就不断。金白领领导人的浮夸之风让柳传志很不满意,金白领在 2002 年不断改动目标的行为遭到了柳传志的怒批。

在柳传志看来,多元化的业务即便是赚钱,也必须统一在联想大家庭的整体文化下,要按照联想的管理基础来规范。

行动指南

冒进是成功的大敌。

 立项前把销售渠道考虑清楚

有了高科技产品,不一定就能卖得出去。只有卖得出去,才能有钱。我举个国外的例子,现在全世界大约有 5000 万台个人计算机,苹果公司占的比例不到 10%,其他的全部是 IBM 的。苹果公司计算机的性能远远超过 IBM 兼容机,但是苹果公司在全世界推广得不好,这是因为苹果公司的势能不够。也就是说,即使产品的性价比再高,若销售势能不够,也是不行的。

联想集团要做大规模集成电路,第一个大问题就是做完了卖给谁。大家都清楚,芯片产量大,成本才能低。不知道能卖多少,就不敢大量做,量少,合格率就低,成本就高,即使芯片性能再好,也卖不出去,形成了一个恶性循环。因此,不把销售渠道考虑清楚,就无法把这项工作做好。

——1995 年春在超级 863 软课题工作小组第一次会议上的讲话

背景分析

作为联想的上级主管部门，中科院以及电子工业部都曾多次委婉地表示希望联想承担起大规模集成电路等的研发、设计工作，在联想内部，也有许多人主张联想挺身而出，做这方面的工作。其中，尤以曾与柳传志有10年亲密战友之谊，如今却反目成仇、形同陌路的倪光南最为积极。

不过，柳传志在这件事情上的态度极其明确，那就是坚决反对。柳传志的逻辑在于，企业作任何一个决策都要从有无市场需求的角度出发，而不是基于需不需要做或者能否做出来的考虑。

行动指南

有无市场是任何商业行为的基本出发点。

坚定不移做中国品牌

90年代初，中国 PC 市场的格局发生巨变，国家取消了进口批文，关税大幅下调，大批国际知名电脑品牌纷纷涌入中国市场，当时也有媒体报道，提出"联想还能撑多久"。在这种情况下，一种选择是干脆去卖外国品牌的机器，还有一种选择是寻找自身问题，调整自己，站起来迎战。我们选择了后者。在这个过程中，我们除了认真研究行业本身，对企业管理的基本规律也有了深刻的理解，这为之后并购IBM的 PC 业务、联想控股的大转型，以及去做投资业务，都奠定了非常重要的基础。

——2019年12月，第一财经专访柳传志：

《第一财经对话柳传志：困难无其数，从来不动摇》

背景分析

创业是九死一生的事情，联想品牌几度遭遇挫折。1992年在面对海外公司冲击时，柳传志还思考过放弃联想品牌，转做代理生意。好在柳传志最终下定决心，与其都是品牌消失，不如大干一场。1994年联想电脑占中国市场份额不到0.6%，原因是联想电脑库存时间长成本高，柳传志想方设法减低库存成本，此后市场份额才一年年涨起来，到1996年成为中国市场占有率第一的电脑品牌。

之后联想通过技术和产品创新打造品牌，1998年前后第一波互联网浪潮袭来，联想推出"天禧电脑"，开发了"一键上网""一键恢复"功能。为了大面积推向市场，联想在300个城市进行了巡展，还配备了服务体系，并在供应链上做了充分准备，市场份额很快提高了近9%，联想品牌第一次在中国人心中树立了起来。

行动指南

品牌是打出来的。

03月 8日 不能一味死守

尽管国外大公司占一定的优势，也不是说就可以平铺直入中国市场，我们在汉字技术、售后服务以及开发应用软件等方面的优势，足可抵挡一阵。问题在于，我理解"入关"的意义是为中国企业进入国际市场、赚外国人的钱开路。如果一味死守，消极防御，就失去了"入关"的意义。

——1992年在香港联想圣诞晚会上的讲话

背景分析

中国的计算机行业是"入关"相对较早的行业之一。1992年起，国家有关部门把计算机进口的关税从50%下调至20%，而随即就有专家宣布，其目标是之后的两年内，把这个数字变成9%。这极大地刺激了海外计算机厂商的野心和进攻欲望，他们像狼一样扑进中国内地市场，这无疑给包括联想在内的众多内地本土厂商巨大的压力。

不过，与同时代的企业家相比，柳传志相对看得更远，他不仅已经想清楚了如何与狼共舞，更想到了如何借机转守为攻。事实证明，这种战略思维的差异决定了联想日后的非同凡响。

行动指南

进攻是最好的防守。

03月11日 你来我往比压着打要好

我们也要打到外面去，如此你来我往，起码比完全被压着打要好嘛！并非每个企业都能奢谈民族工业……第一要有机制，有了机制才能提到志向，然后还要有好的战略。在电子行业中，与之有关的如四通、方正、长虹、TCL等，都是很好的、有志向、能为民族工业扬眉吐气的好企业，是大家的榜样，也是同我们并肩作战的盟军。我们联想，自然要成为民族工业电子行业中的主力军。这次，微机降价竞争中的成功，确实让我们大为振奋。

——1996年夏天在联想第三期高级干部培训班上的讲话

背景分析

1996年的联想开始敢大张旗鼓地走出去，很大程度上基于联想微机在内地市场上取得的成绩：在这一年，联想开始占据内地个人电脑市场第一的宝座，最高的时候，联想的市场占有率接近四成，也就是说，每卖出5台个人电脑，其中就有2台是联想品牌。

这无疑是一个了不起的成绩。

行动指南

赋予所在组织以时代使命感。

起名 Legend 最开始只是为了谋生

我们在香港创立联想的时候就知道有很多 Legend 公司了，比如说在汽车业，几乎有几十个 Legend 公司和上百个 Legend 产品。

当初只是为了谋生，完全没有想到国际化的问题。

——2003 年 5 月接受《计算机世界》的采访

背景分析

Legend 翻译过来是传奇的意思，与联想这个中文公司名并不完全相符。联想当初用 Legend 这个英文名，并没有很强的国际化意图，更多只是表达柳传志和他的伙伴们的一种愿望：创造奇迹，书写传奇。

1998 年，联想开始意识到 Legend 重名的严重性，并形成了不能用 Legend 这个名字拓展北美市场的决议，但由于当时已经把重心转移到国内市场，这个事情也就被搁置下来。

行动指南

即便企业规模小，也要有远大的抱负。

提升我们企业的整体形象

中国企业走向国际化，需要一步步地让人们认识到中国企业和社会越来越诚信，认识到中国企业越来越有实力。这个过程必然要花费大量资金才能完成，比如在美国最高档的体育比赛中做电视广告。中国企业的整体形象偏低将是我们走向国际化过程中遇到的最大问题。

——2003年5月接受《计算机世界》杂志的采访

背景分析

其实不仅仅是中国，50多年前日本企业也遭遇过同样的问题。索尼之父盛田昭夫在《日本制造》一书中自豪地写道："把'日本制造'从轻蔑的用语变为一种称赞，索尼功劳不小。"在这份功劳里面，好读好记的Sony品牌仅仅是一个表面因素，持续不断地投入巨资进行品牌打造、高度注重企业形象、明确强调以电子为核心产品领域、迅速将产品技术的创新市场化、自由思考、不要官僚的企业文化、及早重视国际市场，才是索尼取得成功的关键。

行动指南

努力让所在组织成为群体形象提升的推动力量。

03月14日 成为国际上的金字招牌

现在联想品牌已经成为我们的优势，我们一定要把这个优势继续发扬光大，联想要做百年老店，所以要有更高的利益。

中国的产品已经行销于世界的各个角落，但与国际品牌相比还有很大差距，一个民族品牌的成功也是一个国家的骄傲，希望联想集团不仅成为国内的金字招牌，也能成为国际上的金字招牌。

回到联想的品牌本身，其内涵是"创新"，品牌并非只是一个标志，而是企业通过做事和做人长期积累形成的，品牌价值最终是要靠社会和大众认可的。老一辈联想人的愿望是使联想不仅成为国内的金字招牌，更要成为国际上的金字招牌，成为民族企业的杰出代表，实现创业初始"科技报国"的理想。今天的联想在实现这一愿望的道路上又迈出了坚实的一大步：联想品牌的内涵在继承的基础上得以升华，更加明晰！

——2003年5月接受《计算机世界》杂志的采访

背景分析

柳传志擅长把相对遥远的目标通过阶段分解来实现，以20世纪90年代进军海外市场为例，柳传志提出三步走的策略。

在联想成立15周年大会上发表的讲话中，柳传志同样把联想国际品牌梦想的实现分成三步：第一步是形成信息产业内中国市场的主力品牌；第二步是形成国际性的规模制造业，也就是做ODM（原始设计厂商）、OEM（代工生产）业务，为国际知名企业提供产品的设计和生产服务；第三步则是积蓄力量成为国际性知名企业。

行动指南

对目标进行有效分解。

03月 15日 产品技术和一体化链条

台式机、笔记本，都是我们自己来做的，其他的一些数码产品有的是由台湾厂商"代工"。曾经有人建议我们"外包"，但目前而言，联想不会放弃"工"。我认为产品技术要领先的话，自己必须要有一体化的生产链条，元庆跟我讲，自己做的成本要比"外包"出去还低一些，而且也不会牵扯太多的精力，从研发直接到"工"，还可以节省时间成本。利润重点的产品我们牢牢把持在自己手中，但联想也不会去做规模制造业。

——2003年6月接受《中国经营报》杂志的采访

背景分析

在2003年接受记者采访时，柳传志坦言：联想不会放弃"工"，但也不会去做规模制造业。展望国际化的联想以及柳传志本人对于"中国制造"的解读，都经历了一个耐人寻味的"转变"。这种"转变"凸显了 IT 产业发展的某种必然走向，即产业链的上下游厂商的平衡协作才是至关重要的。

先学会做贸易，为 IBM、AST 等做 PC 代理，给惠普做激光打印机代理，给东芝做笔记本电脑的代理等。学会做代理后，再开始开发自己品牌的产品，循序渐进、日积月累，这条路线就是柳传志自创的"贸工技"。"工"是联结"贸"与"技"的关键链条，联想不想轻易地拱手予人。柳传志说，"贸工技"是一个一体化的生产链，如果把"工"放出去，会很不方便。自己研发的产品，一条线下去贯穿始终，会节约时间、节省成本。

行动指南

尽可能形成一体化的产业链条。

联想进军农业品牌

联想进入现代农业领域，已经有 3 年时间，我想就联想怎么做农业来谈如何"加快转型升级，实现科学发展"。

首先要说明的是，当前农业食品的主要问题是没有安全感，老百姓不知道敢信谁，市场上存在严重的劣币驱逐良币现象。联想的做法就是要做出过硬的口碑，形成品牌，从品牌中得到溢价。第二，现在正在进行土地产权机制的改革，过去土地分成小块的时候是没法发挥农业技术的，现在我们要把农业技术发挥出来，从技术中得到溢价。

我们的品牌从哪儿做呢？选了半天，经过 2 年的调研，我们决定先从高档水果入手。我们选的是将蓝莓、猕猴桃作为突破口，做出品牌，有了这个牌子再发展到其他的农业领域，最后希望和其他众多农业厂家一起实现良币驱逐劣币。

——2014 年 2 月在"中国民营经济大家谈"大会的演讲

　　2009 年前后，柳传志已经开始研究中国农业，聚焦于食品安全和社会信任危机。在柳传志的策划下，联想控股旗下的佳沃作为现代农业的代表顺势而生。

　　佳沃品牌要从零开始，首先就是要有一个明确的品牌定位，选择什么行业和类别是关键，佳沃选择了通过农业技术和企业管理做出产业升级；其次要有一个主打产品，由于大宗的粮食、肉类已经相对集中，打出新品牌非常困难，于是佳沃选择了高端水果。

行动指南

　　一个全新品牌的建立需要一个够硬的拳头产品打头阵。

逐步形成品牌战略

　　我们不能因为把联想的品牌做好了，就随便做别的品牌，说这是扩大品牌的优势，那样会损害形象的。如果我们做出了一个好品牌以后，有几个不好的品牌出现了，人们一定会认为联想绝对不是做什么成什么的。所以我们无论如何要珍惜这个好品牌的市场，因此凡是公司内部提出新的品牌要求时，一定要报上你们申请新品牌的可行性，要给企划办打报告，要得到执委会的批准。这么做，联想的品牌战略才会逐渐形成，把现有的品牌扩大，巩固它的基础，然后再逐步形成三个以上的受人称颂的品牌。以后我们再做品牌就不会费劲了。

——在 1998 年联想誓师大会上的讲话

背景分析

　　柳传志谈到的其实是在联想大品牌下多产品品牌的策略，也就是营销上常说的一品多牌。如今联想控股已经拥有了联想集团、神州数码、联想投资、融科智地、弘毅投资等多个子品牌，已经逐步实现了柳传志的品牌战略目标，这些品牌都有着统一的特点：诚信、可靠、值得信赖。

行动指南

在原有基础上进行逐步扩展。

做代理还是为了自己做品牌

熟悉联想的朋友都知道我们是 20 万元起家，还被人骗走了 14 万，方方面面没有积累。造成这种情况最关键的一点是我们不懂市场，我们研究所出来的人不懂怎么做企业，一开始我们选择了一条替别人卖东西的路，做代理。一方面了解市场，一方面和外国企业学习经验和规律，逐渐成熟之后再自己加工、搞研发和打品牌。原先我们给 AST 做台式电脑的代理，给 IBM 做台式电脑的代理，后来发展到做我们自己的台式电脑。我们做过东芝、惠普激光打印机，代理方面做得非常好，在中国、在亚洲都是最大的代理，我们这条路是循序渐进的道路。

——2002 年 8 月在国际管理年会上的演讲

背景分析

在 20 世纪 80 年代末直到 90 年代上半段，有不少人靠倒腾电脑开始自己的创业之路。原爱必得电脑有限公司创始人、现北大天正科技发展有限公司总裁黄斌在中关村头一拨儿喝上攒机这碗汤，与他前后脚的还有联想的柳传志、达因集团的张璨，后两者现在做得都比黄斌大。

1993 年 6 月，黄斌就在中关村颐宾楼与人合租了一个小门脸儿攒机，当时他只有 3000 元的本钱。由于黄斌诚信经营，从 1993 年 6 月到 1993 年年底，短短半年时间，他靠攒电脑就挣到了 50 万元。黄斌将这 50 万元视为自己淘得的第一桶金。2001 年《福布斯》中国富豪榜排名第 40 位的张璨也是这样，不过黄斌是攒电脑，她则是整台倒电脑。后来黄斌也明白了这个道理，成立爱必得电脑公司做整机，但已经比张璨慢了一大步。所以，如今张璨已进入了富豪行列，黄斌则还只能算是一个富翁。

1992 年，北大"结业"的张璨与丈夫创立了达因公司，借了 300 万元，南下广州倒电脑。20000 元钱一台的电脑到北京可以卖 23000 元，一台电脑就可以净赚 3000 元，堪称暴利，张璨因此一上手就赚了上百万。在这个问题上，她比黄斌高明，但柳传志又比她高明。柳传志不但攒电脑、倒电脑，还用联想的牌子自己做电脑，所以，柳传志的事业做得又比她大得多。同样是倒腾电脑，黄斌、张璨、柳传志各自有不同的境界，也出了不同的结果，这是一个很有趣的故事，值得玩味。

行动指南

同样的事情，不同的境界，决定不同的结果。

共同把饼做大

中国市场后面还有外国市场，饼足够大，而且越做越大，有益的竞争会促使饼做大而得益。中国需要开放，需要向外国企业学习，今天 IT 产业的一片繁荣正是改革开放的结果。联想积极欢迎外国企业进入中国市场，大家共同把饼做大。有了外国企业进入，我们才有对人才、对管理、对技术的深刻认识，才有对市场经济的深刻认识。我们要认真向外国企业学习，更要认真和外国企业竞争，在竞争中促进中国市场的繁荣，在竞争中取胜，为中华民族屹立于世界民族之林贡献力量。

——1999 年 12 月在联想成立 15 周年大会上的讲话

背景分析

柳传志一方面把联想打造成扛起民族产业大旗的民族产业英雄，另一方面也积极地与海外的同行进行合作，特别是代理海外知名品牌的产品，通过这种方式逐步掌握这些品牌的营销方法，最终取而代之。

从另一个角度来说，在市场经济条件下，竞争越激烈，企业生存发展的难度越大。并且，现代竞争空间已日渐扩展到全球范围，时效性更强，难度更大，单打独斗很难长期生存。企业战略的重点是不让竞争对手成为对手，而不是打败竞争对手。合作竞争的方式有助于整合资源，进一步扩大各方的品牌效应，通过相互学习缩短学习周期，合作竞争应该成为企业生存发展的自觉行为。

行动指南

合作竞争，比单纯的竞争要来得有价值。

03月 22日　在与海外同行竞合中成长

中国加入了 WTO，我和中国大多数企业家一样，由衷地感到高兴。因为这表达了中国坚决要改革开放、要和世界接轨的决心。如果没有改革开放，不是 IBM、英特尔、微软到中国来，就不会有中国的信息化。如果不是美国、日本还有我们的台湾同胞到中国大陆建厂、办企业，中国大陆的企业、工厂就不会有今天的管理水平。

对联想来说，和海外企业既有全面合作，也有竞争，应该讲在更多的领域是合作。中国企业该合作的合作，该竞争的竞争，完全按市场规则办，当然要竞争就要认真向人家学习。

——2002 年 8 月在国际管理年会上的演讲

背景分析

中国的 IT 企业起步较晚，但由于宏观经济环境的快速发展和信息化需求的日益旺盛，中国 IT 产业的发展势头相当迅猛。尤其是在当前，IT 业界内的竞争越来越白热化。无人能否认中国市场的广阔，但在 PC 同质化时代，在残酷的价格竞争背景下，到底又有谁能维持基业长青？什么样的企业才能屹立不倒呢？

企业之间的竞合是个永恒的话题。在一块蛋糕的分配上，必须去"竞"，才能实现企业发展的目标，分到更大的蛋糕。坐享其成地等待分蛋糕，是处于价值链底端的企业的生存方式。无论分到多大的份额，这都是一种慢性的衰退。但同时，企业也需要"合"。利用"合"的优势，在整个产业现有的基础上，将蛋糕充分做大，并且吸收相关产业的新元素，才能保证企业能够"吃得饱"。

行动指南

产业发展不是静止的，而是持续演进的，因为技术在改良，市场在扩张，市场主体你方唱罢我登场。如果以封闭的态度来对待整个市场，只会导致企业的封闭，从而永远陷入一个封闭的发展空间。只有共同促进、协同创新，才是整个产业的出路。

做国际性的品牌企业

在任何一个领域，今天的中国企业都能走向国际化，都能和世界紧紧地融合在一起。我们需要的是时间，是脚踏实地的行动，是做好我们自己的事情，只要坚持这么做下去，无需多久，我相信那些极端势力的代表再难出现今天穷凶极恶、目空一切的样子，只能和我们平等地坐在谈判桌前。

——2019年8月在第二届全国青年企业家峰会的演讲

背景分析

联想的愿景之一是要在世界范围内形成国际影响力，收购卢森堡国际银行是其中的一个里程碑式的事件。卢森堡的首相说："我相信在中国，没几个人知道是中国人买了卢森堡的银行，但是在卢森堡，几乎没有人不知道，中国人买了我们这家一百多年历史的发钞银行。"联想现在要打好国际品牌，成为一家真正能走得出去的中国公司。

品牌国际化需要脚踏实地，一步一步走出去。

 坚决抵制泼脏水

联想集团的全体同仁，今天的我们，正面临着严峻的挑战。我们有失误，就要以非常谦虚、开放的态度，面对现实、寻找解决问题的方法。联想30多年的成长过程中，一路跋山涉水，经历九死一生，我们靠的就是团结一心、众志成城。今天我们不能容许有人朝我们泼脏水，甚至冠以"卖国"的帽子，如纯属巧合也就罢了，若是有意为之，试图冲击我们的军心，打垮我们的士气，践踏联想人的尊严，打击一个民族品牌的骄傲，我们所有的人，都绝不能、也绝不会有半分容忍！

——2018年5月，联想发布公开信：

《行动起来，誓死打赢联想荣誉保卫战》

背景分析

2018年5月，联想遭遇了一次意外的公关风波，网友翻出了2年前的一件事，在有关5G标准的表决会议上，联想没有给华为投票，就此炮轰联想不支持华为Polar方案以及联想不爱国的行为等。其实对于这场争论，网上的舆论混淆了两个概念，就是Polar码并不属于华为，联想支持的LDPC码也并不属于高通。

这场风波是有关联想品牌形象的负面言论集中爆发的时刻。面对负面舆情的冲刷，只有作为品牌定海神针的柳传志出面直斥，才能凝聚品牌力。

行动指南

品牌维护既要润物无声，也要动如雷霆。

Think 这个牌子对联想帮助很大

我最想买的是 ThinkPad 的牌子，现在我对这个品牌有了更深的了解，我可以跟大家说这样一句话，假定我们的产品，比如 Pad 产品比苹果做得更好或者一样好，现在拿到国际市场上卖，是定卖不出去的，有苹果这个牌子和没有这个牌子卖同样的东西是完全不同的。而 Think 这个牌子我们特别想要，联想在中国国内卖的电脑是以消费者和中小企业居多，始终很难打进大的银行甚至政府单位。而并购以后，不仅国际上的业务有了大发展，Think 这个牌子也让我们马上进入到这些大的银行等企业。

——2011 年 10 月柳传志在中欧商学院的讲话

背景分析

联想收购 IBM 的全球 PC 业务后，最大的收获莫过于承袭了 ThinkPad 这一品牌。不过，当外国人知道是中国人买了这个公司以后，不认为 ThinkPad 还是以前的 ThinkPad，这是一个很大的风险。也正是因为提前认识到其重要性以及风险，联想把功夫做在了前面。

行动指南

知道投入产出都在哪里。

把渠道当作自己人一起考虑

中国本土电脑行业有很多地方值得研究。比如像供应链在整个电脑行业里有巨大的作用。电脑行业里元器件价格比其他领域变化更快，远超过服装等任何一个行业。某些元器件的库存将是成本里最高的一项，把这个事了解清楚以后，知道库存应该是多少，针对这些采取一定的应对方式。这些方式在应对国际竞争中起到了非常直接的作用。

在过去都是通过渠道去销售，而联想渠道被人称为"大联想"。我们联想团队在研究销售的时候是把我们的渠道当成我们自己的人一起来考虑，考虑他们的利润和损失。就是说在新机器出现的时候，绝不能把老机器压给渠道，让我们自己财报好看，让渠道吃亏。

——2011 年 11 月接受《21 世纪经济报道》的采访

背景分析

许多媒体对联想集团花了近 30 年时间终于成为全球电脑产业之王这件事情有些哭笑不得。笑的是，这毕竟是全球第一；哭的是，这个产业从朝阳产业做成了夕阳产业，利润空间有限。但不论有何争议，联想集团与上下游结盟从而超越对手的战法是值得借鉴和研究的。

行动指南

和上下游成为真正的伙伴。

双模式满足不同客户的需求

我们通过双模式满足不同类型客户的需求，也就是交易型客户模式和关系型客户模式。交易型客户就是卖给消费者，主要是厂家在向你们（消费者）推，说哪种最好，最适合什么，比如 Win7 出现以后有什么优点，这种是交易型客户模式，是推动供应链形成的源头。关系型客户模式就是卖了一单又一单，基本上是以直销为主，他们（消费者）要的未必是你要推的东西，比如 Win7 出来，根据 Win7 我（消费者）有什么需要，这就造成了供应链的不同。

客户的需要决定了产品和服务内容，只不过进入国际层面以后，确实不同的客户有不同的要求。最近 ThinkPad 在海外品牌上请了一个市场顾问，说了一句话，"我们都是行动者"，你把这个东西写在中国电脑上，中国人会觉得很奇妙，但国际人士十分认可这个说法。了解国外市场只能聘请国外的市场顾问，由他们来做。

——2011 年 11 月接受《21 世纪经济报道》的采访

背景分析

联想集团起家靠的是和渠道的紧密一体，并很快成长为中国市场中的第一名，但随着戴尔模式的崛起，联想集团吃尽了苦头，也由此作出了一些改变，比如改革销售人员的考核制度，比如不强求客户经理打卡，以及和渠道进行有效的区隔等。

但最大的变化是双模式的启用，事实证明，正是双模式战法，让联想集团重新取得了主动权，并完成最后的超越。

行动指南

根据客户需要提供相应的产品和服务。

建班子

最重要的是建班子

我们凭什么有底气能说到做到，说到做到不仅是态度问题，更重要的是能力问题。

第一条，我认为我们确实有一个非常强的班子。班子是制定战略的主要组织者。这就是联想三要素第一条，建班子。这个班子我认为是非常优秀的。

第二条，我们这个班子非常注意形势变化、行业变化，并能根据形势来制定正确的战略以及调整战略，比如现在的双轮驱动，比如我们对互联网的认识，等等。这就是我们说的定战略。

第三条，联想的执行力应该说是非常强的。执行力就是我们员工要有特别向上的精神，用我们话说当兵要爱打仗、要会打仗，我认为联想这一条做得是成功的。这就是带队伍。

有了这三条，我们就能够说到做到。

——2015 年 6 月在联想控股于港交所挂牌上市的演讲

背景分析

柳传志曾经把管理的内容归为三个要素：建班子、定战略、带队伍。建班子是为了保证了联想有一个坚强的、意志统一的领导核心。定战略是有指导思想地建立起远、中、近期战略目标，并制定可操作的战术步骤，分步执行。带队伍是通过规章制度、企业文化、激励方式，最有效地调动员工积极性，保证战略的实施。

这简单的管理三要素，柳传志一直用了20多年。2015年6月联想控股在香港H股上市，柳传志重提三要素，再次证明这是联想成为中国最大IT民族企业的宝典。

柳传志的管理三要素有着独特的内在逻辑：先要有一批志同道合、有着共同理想的人，才能基于这批人自身的特点定出最能发挥他们长处的战略，才能在执行上一马平川。

行动指南

重剑无锋，大巧不工。总结出你自己的管理理论。

04月
2日 联想为什么要建班子？

所谓建班子是指联想建立以总裁为首的战略领导核心、最高层领导班子及各级领导班子。这个班子有集体智慧且德才兼备，能进行战略设计和科学决策；能发挥个人专长同时又能优势互补，形成集体的力量；能分工协作、快速实施，办成个人能力所做不到的事；能带队伍，培养出各级干部梯队，使联想的事业后继有人，保持事业的稳定和可持续发展，形成团结向上的管理文化；能不断地相互学习交流，取长补短，完善自我；有统一的意志和规范，有共同的行为准则，是联想发展的中坚力量。

——1999年12月在联想成立15周年大会上的讲话

联想为什么要建班子，归根结底其实只有一条，保证事业的稳定和可持续发展。火车跑得好，全靠车头带，柳传志希望联想的车头是一个团队、一个班子，而不是一个人。

一把手和班子的关系主要有两种，一种是班子是一把手的执行机构，另一种则是班子是一把手的智囊机构。柳传志对一把手和班子的关系的认知是执行和智囊机构并重，在决策时，班子是智囊机构；在落实时，班子是执行机构。

行动指南

如果要建班子，想想班子到底定位为智囊机构还是执行机构。

04_月 3_日 建班子的内涵

一把手是有战斗力的班子的核心，一把手应该具备什么条件？应该如何提高自身修养？第一把手应该如何选择班子的其他成员？其他成员不符合标准怎么办？如何对班子的成员进行考核？没有一个意志统一的、有战斗力的班子，什么定战略、带队伍都做不出来。宗派是形成团结班子的绝症，要杜绝一切可能产生宗派的因素。这些都是建班子要解决的问题。

——在清华大学的演讲：《怎样做一名好总裁》

背景分析

领导者并不总是一个人行事，而是在一个最高领导统帅下具有一定结构、一定层次的领导集体，也就是领导班子中行事。领导效率的高低不仅取决于单个领导者的素质，同时也取决于领导班子的年龄结构、知识结构、能力结构以及专业结构等是否合理。以2000年前后的联想班子为例，其中既有柳传志这样的战略规划大师，李勤这样执行能力超强的总理式人物，马雪征这样善于沟通、在政商两界都吃得开的财务总监，又有杨元庆、郭为这样的青年业务骨干。这样的班子，无疑是一个在年龄结构、知识结构、能力结构和专业结构方面都合理的班子。

行动指南

合理搭配班子结构。

04月 4日 搭班子，是为了弥补不足

搭班子，是指搭建一个能议事的班子。今天企业遇到的问题，你将跟谁在一起讨论很重要。这个也是水桶理论，你必须要站在水桶的外面组织一些人来议事，在水桶的外面考虑问题，这一点大家要向马云学习。

——2018 年 5 月在中国企业家俱乐部土士学习联盟六期班授课

背景分析

管理学上有个木桶效应的概念，也被称为短板效应，即一个木桶能盛放多少水，并不取决于最长的那块木板，而是取决于最短的那块木板，劣势部分决定了一个组织能够达到的高度。柳传志经常引用短板效应的概念来讨论联想遇到的问题，企业家建班子，最主要的是为了弥补自己能力上的短板，因为企业要想往更高远的地方走，进入新的行业、领域，必须各方面的能力都要有。

行动指南

找到互补的人搭建班子。

04月 5日 一把手要把企业利益放在第一位

现在很多企业，都有来自于办公室政治的宗派问题，不把业务放在第一位，而是把互相的争斗放在第一位。我觉得非常重要的一点，就是杨元庆始终把企业的利益放在第一位，这也是他在遇到挫折的时候，在员工心目中还是有很高威信的主要原因，也是这次合作的一个重要的保证条件。

——2004 年 12 月接受《全球财经观察》杂志的采访

背景分析

由于杨元庆在接班前一直是个超额完成任务的优等生，所以有人说，杨元庆最终从柳传志手里继承的联想更多是杨元庆打出来的。不过，按照这个逻辑，单飞后杨元庆第一个失败的三年计划足以让柳传志拿下杨元庆。但事实是，在宣告收购 IBM 的全球 PC 业务后，柳传志将联想集团的董事长职位让给了杨元庆，而自己退到联想集团的母公司联想控股做总裁，不仅没有罢黜反而强化了杨元庆在新班子里的一把手地位。究其一点，就是杨元庆能很好地贯彻柳传志提倡的，始终把企业利益放在第一位的原则。

行动指南

超越利益，获取尊重。

04月 8日 一把手立意要高

如果总裁立意不高，不是堂堂正气的话，解决不了这个问题。总裁必须能心胸坦荡,站得更高,做得更多,一切为了企业的利益,这时候你才能成为这个企业的核心。

——在清华大学的演讲:《怎样做一名好总裁》

背景分析

立意一词,与柳传志有很深的渊源。媒体喜欢用立意高远的偏执狂来形容柳传志。著名财经作家、媒体人秦朔,在评价柳传志的成功时提到的第一点就是立意高远,非一般企业家能及。

柳传志多次讲到立意,按照柳传志经典的管理三要素来阐述:定战略,必须立意高。立意高,才可能制定出战略,才可能一步步地按照你的立意去做。立意低,只能蒙着做,做到什么样子是什么样子,做公司等于撞大运。而对作为班子一把手的总裁来说,立意高低决定了班子是否能团结,也决定了能否将队伍带好。

行动指南

志存千里。

04月 9日 一把手是把珍珠串起来的线

对于人才,我有一个看法,对一般的企业来说,更需要的是管理人才。为什么这么讲?因为好的科技人才和专业人才就像珍珠,没有线,这些珍珠成不了项链。好的科技人才我可以用高薪把他挖过来,但挖过来之后,没有好的管理人才,他们还是起不到该起的作用,起决定作用的还是线。因此管理人才是极其重要的。

有的人不是珍珠,不能像珍珠一样闪闪发光,但他是一条线,能把那些珍珠串起来,做出一条光彩夺目的项链来。

——2001 年 12 月在联想清华校园世纪寻才活动上的讲话

背景分析

柳传志虽然也是技术人员出身，但与倪光南、陈大有等在中科院里就已经功成名就的研究人员相比，他并不在顶尖科学家的行列。柳传志一开始就知道自己的定位，他没有去随大流争做珍珠，而是充分发挥自己在组织和谋略上的专长，做了串起珍珠的线。

联想最终的成功，与柳传志自愿成为那条串起李勤、倪光南、郭为、杨元庆、朱立南、马雪征、陈国栋等"珍珠"的"线"，有莫大的关联。

行动指南

让自己成为贯穿组织的那条线。

04月 10日 班子要形成对一把手的制约机制

第一把手建班子就是为了制约自己，重要的事情，要人人都知道。小的民营公司的一把手把财务控制在自己一个人手里，什么事都不对别人说，这很容易造成相互猜忌和不团结。

——《优秀总裁如何建班子》，摘自 2006 年 5 月《培训》杂志

背景分析

美国著名学者、哈佛大学教授罗伯特·肯根（Robert Kegan）的研究结果表明：在美国，能达到融合型层次的人，约占 5%；个性层次上的人，约占 80%；独裁和依赖层次上的人，加起来占 15%。而在中国，独裁型和依赖型的人占了最大的比例。

在企业走向全球的趋势下，独裁型的领导使企业在全球范围内走向持久的成功几乎是不可能的。这是因为在全球范围内，企业将面临更复杂的挑战，而在个人的独裁

领导模式下，缺乏创新能力和团队的凝聚力。所以只有融合型的领导者才有可能带领企业取得成功。竞争将越来越激烈，而企业的决策者将被迫不断做出决策，面对重重危机，只要一个失误、一次失败，局面就会像推倒了多米诺骨牌一样不可挽回。

柳传志显然意识到了这一点，虽然柳传志"联想大家长"的声威日益彰显，但其依旧坚持自己融合型领导的形象。

行动指南

让自己受制约，能保证组织更加健康地发展。

04月 11日 如何解决无原则纠纷？

在很多企业里，下级埋怨上级，说上级的坏话，或者对其他部门表示不满，而在联想这种情况确实很少，几乎没有。因为我们这里有个明确规定，就是当各个部门的第一把手和第二把手，与他的下级发生了无原则纠纷的时候，第一次我们会毫不客气地把下级调走，或者是降级，不允许无原则纠纷存在。但是处理完了以后，我们也会跟这个第一把手说：如果经调整，新换了人，再有这个情况，你的位置就要注意了。这样一来，每个人都会很小心地注意上下级怎么能够配合好。这种做法未必科学，但是解决了无原则纠纷。这种纠纷，一刻都不能让它存在，否则一个企业里像打仗一样，会带来很大的问题。

——《优秀总裁如何建班子》，摘自 2006 年 5 月《培训》杂志

背景分析

柳传志在论述这一问题的时候，总是喜欢举 1995 年香港联想大亏损时的例子。在柳传志看来，1995 年香港联想的被动，实际上与总经理和他的香港部属在某些方面的无原则纠纷有一定关系，导致最后出了问题没人承担。或许就是这一点，坚定了柳传

志拿下当时的总经理的决心，他亲自兼任，并由此拉开了京港整合的大幕。

行动指南

遇到配合上的问题，反思一下自己，可能更利于事情的解决。

04月 12日 建班子时，以德为主

在一个企业里建班子的时候，要以德为主。我们"德"的标准就是看领导者能不能把企业的利益放在第一位。德很重要，因为企业要由小变到大，班子本身的调整是必然的，如果这个人本身是要不择手段地为自身谋取利益，将来一定会出毛病。当然，德才兼备最好，实在不能兼得的时候，应该将德放在第一位。

——《优秀总裁如何建班子》，摘自 2006 年 5 月《培训》杂志

背景分析

先做人，后做事，一个人无论多么有才华，决定他是否成功和幸福的最终还是其德行和人品。通用电气前 CEO 杰克·韦尔奇（Jack Welch）曾说过：首选有德有才的人委以重任；其次是用有德、可以通过学习提高才能的人；最不能用的是有才能但品德低下的人。

柳传志对于班子成员也有明确的"德"方面的要求，那就是："要把企业利益放在首位，应把自己融入企业中，要有三心：责任心、上进心和事业心。"

行动指南

先做人，后做事。

04月 15日 选善于总结和学习的人进班子

组建班子，还涉及如何发现和选拔人才的问题。对于人才，我们特别提出要善于总结和学习。因为不管你是做哪项工作的，它都有自己的边界条件，所以你做完以后，失败也好，成功也好，自身要善于总结和归纳到底这个仗是怎么输的，或怎么赢的。做到这一点的人，就有可能晋升。光能把事情做好，那是不够的，所以联想强调要能干会说。说本身不光是口头表达，本质是进行归纳。其实一流的人才，就是善于总结的人。

——《优秀总裁如何建班子》，摘自 2006 年 5 月《培训》杂志

背景分析

对于人才，《辞海》给出的解释是：①有才识学问的人，德才兼备的人；②才学，才能；③人的品貌。诸多注释重在一个"才"字。但人才首要的是具备才华和能力。就能力而言，每个人都不尽相同，一个人在某一方面超越他人，你可以说他有才能；而另一个人，在诸多方面都有过人之处，你更可以说他有才能。即便如此，一个人也不可能样样都行，事事知晓，也就是说没有十足的能人。

柳传志眼中的人才的突出才能是学习能力。选择有学习能力的人组成班子，这其实是联想逐步领先其他企业的关键所在。

行动指南

成为一个德才兼备的人。

04月 16日 对重大问题有不同意见怎么办？

遇到重大问题有不同意见，两边比例还差不多，怎么办呢？方法是先谈原则，第一把手先底下一个一个地谈话，不要谈具体的事，谈有关此事的最高原则。比如制定工资问题，要先谈定工资是为了什么，是为了某些人之间的公平，还是为了让企业更好地发展？到底哪个先哪个后？把大原则定下来以后，再一步步定小原则，再谈到具体问题，就好解决了。

——《优秀总裁如何建班子》，摘自 2006 年 5 月《培训》杂志

背景分析

柳传志是一个原则性很强的人。不然的话，在联想面临内部分裂和命运转折的时候，他决然不会显示出无比刚强、果断的一面。

可在班子内部的议事上，柳传志显现出其人性中柔韧的一面。柳传志把这种决策议事方式叫作和稀泥，具体的手段叫把"嘴皮子磨热"，这种方式方法虽然不能很快地在决策上取得统一，但一旦取得统一，在执行上就能无比坚决。

行动指南

万事从宽，大局为重。

04月 17日 事后总结是解决分歧的重要手段

当和下属意见不一致时，如果我这个一把手对这个事也没把握，而他振振有词，

那就照他的办，但事情办完后要进行总结。做好了，我要总结一下当时我是怎么想的，他应该受到表扬；做不好，他也要说个道理。如果把事想清楚了，认为真正对的事情，就下决心不必多做讨论。如果几次事都做得很正确，大家今后就容易同意你了。我们公司里也有投票表决的制度，但还没用过，事情都是这么解决的，没有什么过不去的。

——《优秀总裁如何建班子》，摘自 2006 年 5 月《培训》杂志

背景分析

对于一个班子来说，理想的情况是由不同年龄、知识结构和专业背景的人组成，但由于这些先天的不同，决定了对同一事物，班子成员可能有不同的看法和决策意见。这种情况下，一把手容易走两个极端：一是滥用一把手的权威，对不同意见进行压制；二是无原则通过班子成员的意见。前者势必带来一言堂，后者则容易放任分歧在班子内蔓延，都不利于发挥班子的战斗力。柳传志提供的事后总结的方式很好地融合了畅所欲言和求同存异这两种方法。

行动指南

小人同而不和，君子和而不同。

04月 18日 通过提供舞台进行精神激励

在这个班子里，班子成员要有一个责、权、利相统一的舞台，并要能得到保证。这就是说，班子成员要明确，他的工作和整个大的战局是什么样的关系。他必须要知道自己负责的这块业务在大战局里是一个什么位置，自己的管理资源是什么，有什么条件。也就是让他自己来管理，做好了怎样，做不好怎样，他心里要明白。这时候，这个人感觉就不一样了，因为他有一片自己的舞台了。

——《优秀总裁如何建班子》，摘自 2006 年 5 月《培训》杂志

柳传志提到了一个关于如何给班子成员授权的问题。授权作为管理学中的一个重要概念，常常在商学院的教室、管理培训的讲堂以及管理类的书籍中被提及。但是企业一线的管理者常常会怀疑：为什么按照教科书教授的方法来授权，其结果有时会事与愿违呢？

这很大程度上是因为很多企业没有像联想一样建立起与授权对应的企业机制。

华盛顿大学商学院前院长维尔教授对授权的描述是："如果下级员工感到上司真心期望他们为完成所负使命而发挥主观能动性，即便超越他们的正常职权范围也无须顾忌，而且要是出了差错，哪怕是严重的差错，他们也不会因采取主动而受到专断的责罚，那么这个企业中就存在着授权。"这就是基于企业文化的授权。

文化授权的优势很明显，假如企业的所有员工都具有极强的主人翁精神，看到需要做的事情就去做，不用顾忌是否是自己的职责，也不用顾忌可能会无意间伤害他人利益，不必文过饰非，更无须扯皮推诿。这样的企业将是一个高效运作、无往不胜的组织。

文化授权的不足在于它对企业的要求极为苛刻。首先，企业已经建立了一种"教派式"的文化，企业所有员工已经真正接受了企业的价值观，并自觉地用它来指导自己的行为。其次，企业中绝大部分员工相对于自己的工作岗位而言是胜任的，他们具备了足够的知识、技能，保持着积极的心态，在绝大多数情况下会作出理智的判断。

行动指南

建立授权机制。

04月 19日 班子议事要建立规则

给员工的激励要用一定的规则方式给，而不是第一把手随意给。举一个例子，我们香港的那个合作伙伴，在分配认股权给员工的时候，私下告诉员工给他多少股。虽然分配的数量未必少，但是这些香港员工拿了认股权却未必把自己当主人，因为他觉得是从老板兜里拿的，是一种恩赐，这就不行。因此，应该有一套规则，我们共同来参与这件事情，如果规则有了，而且定规则的时候，是每个骨干签字认可的，你想这是什么感觉？这时候主人的感觉就出来了。

——《优秀总裁如何建班子》，摘自 2006 年 5 月《培训》杂志

背景分析

确立规则，是班子领导的关键。只有这样，才能让组织上下感觉不是人治，而是法治。那么，怎么确立班子的议事原则呢？柳传志的一个值得借鉴之处是在总裁室之外，建立起总裁办公室这样的准班子。

1994 年，联想成立了总裁办公室。柳传志把一些具有良好的可塑性的人才集中到总裁办，这些人中有一线业务部门的总经理，有管理部门的总经理。凡是总裁室需要决策的项目都会事先拿到总裁办讨论。柳传志从不缺席，有时候一个问题讨论来讨论去，柳传志不厌其烦地和大家一起争论。他把这种讨论叫作"把嘴皮磨热"。一年里总裁办成员的多数时间都在这种"热"嘴皮子之中。柳传志把采用这种议事方式的目的阐述得十分清楚。他认为总裁办的这些成员将来极有可能要管理整个公司，现在提前把大家捏合在一起议事，彼此的脾气、秉性和价值观逐步融洽，才有可能逐渐形成一个团结坚强的班子。

行动指南

让组织中的每个人都有主人的感觉。

04月 22日 精神激励是 1 + 1 > 2 的关键

班子常见的情况是"1 + 1 < 2"，即有了这个班子后，虽然比你一个人强，但是你

没有充分调动班子的积极性，本来应该大于 2 和远大于 2，让班子形成一个合力，结果却没做到。这其实是对班子的成员如何进行激励的问题，特别是要强调精神激励。

——《优秀总裁如何建班子》，摘自 2006 年 5 月《培训》杂志

背景分析

在精神激励方面，柳传志堪称大师。1993 年，面对外敌环伺、业绩又未能达标的局面，柳传志亲自写下了"扛起民族计算机工业大旗"的战表，带着全体员工一起去电子工业部誓师，当时的胡启立部长还率同副部长一起来迎接。柳传志慷慨陈词："扛起民族计算机的大旗，不是意气用事，像义和团那样的义气在今天已经没有用，一个国家有了经济实力才能有尊严。"当场许多人听了为之动容，员工的士气也被鼓舞到最高点。

2001 年，杨元庆从柳传志手中接掌联想集团的帅印时，曾对媒体表示："柳传志很会演说，很能鼓舞员工的士气，这点要向他多学习。"事实上，曾多次有出国愿望和机会的杨元庆之所以最终留下来，成为柳传志班子里的重要一员，也是因为柳传志对杨元庆的多次精神激励。

行动指南

学会精神激励。

04月 23日 规则能让班子一体化

没有规则是很可怕的，很容易出现这样的情形：很多总裁很能干，他自己定下来该怎么做，他说完了，副手和下属就去做，这可以；但当总裁不说的时候，就完全是一种被动的情况了。你又要你的下属主动，又要按照你随意性的意见去处理，那是做不到的。如果能像我说的这样，企业第一把手跟班子成员之间的关系，就是大发动机跟小发动机的关系，你所带动的就不是齿轮，不是螺丝钉。

——《优秀总裁如何建班子》，摘自 2006 年 5 月《培训》杂志

对于经理人或是有希望得到提拔的员工而言，一个重要的素质，就是要能领会领导意图，并与领导统一步调，包括情感上的步调。联想公司将这个过程称为"对表"，要次次准确。柳传志身边的年轻人中，有很多比杨元庆更聪明、更善于表达，也更早进入公司的核心岗位，杨元庆之所以能在几个候选人中脱颖而出，正是因为他在一次次"对表"中胜出。

如果你不知道老板让你做什么，又怎么能把工作任务分配和指示给下属、协作者呢？因此，"对表"只是一个手段，关键还是要将"表"校得跟老板一致。如果经理人在执行领导意图时，遇到不明确的地方，都要在行动之前先问个清楚。

所以，一定要避免来自老板的笼统指示，确保自己的工作方案具体明确。并且，当你经过缜密思考后提出问题时，你不仅清楚自己该做什么，还能完善老板的思路。花几分钟时间弄清指示，可以节省几天时间，并确保工作的顺利进行。

行动指南

所有的工作目标只有一个，就是要理解老板的意图，并将工作任务的完成情况反馈给他，以做到与老板步调统一。

04月24日 班子的整体素质怎么提高？

班子素质不高，怎么办？对于这个问题，要考虑阶段性这个因素，我们采取的方法是：

1. 当班子成员素质比较低或者能力不是很强的时候，或企业规模比较小的情况下，可以采用指令性的工作方法，就是一把手说了算。这就要求一把手应该想得更多，拿出主要的权力来以你说的为准。

2. 当班子的成员逐渐成熟起来时，一把手可以将指令性方式变成指导性方式。就是大家一起来讨论，班子成员应该参与发表意见，你先提个意见，大家再针对你的意见来讨论，最后作出决策。

3. 如果再进一步发展，像到了联想今天的规模，干脆就是参与性的方式，也就是将要解决的事情谈清楚，大概是什么情况，然后以班子里其他成员的意见为主，作为一把手则只是积极参与。总之，用这样的方法就会不停地提高企业员工的素质，也会使有能力的年轻人一批一批地涌现出来。

——《优秀总裁如何建班子》，摘自 2006 年 5 月《培训》杂志

背景分析

许多企业领导人都苦于员工素质不强，无法适应企业发展的需要，对此往往采取借助外脑，或直接到行业领先企业中挖人等手段来应对。不过，在柳传志看来，最理想的方式是内部培养。

柳传志提到的从指令式到参与式的进化，有些类似于我们传统意义上的师傅带徒弟。早年间，中国的国企有一项师傅制度。一个新员工一进企业，领导会给他安排一名师傅。如果纯粹是工人，本身是有学徒期的，例如两年期或者三年期，在这期间师傅会很耐心地教他技术，教他怎样与人相处。即便是安排进科室做职员，领导也会在这个科室里找一个资深人士当他的师傅。师傅制度是古时候传承下来的。老话说"一日为师，终身为父"，讲的就是古代师徒关系。

行动指南

给自己找一位良师益友。

04月25日 班子的决策制度

我们公司还没能执行从上到下完全进行的系统管理制度，但我们公司的决策制度

就该是：听多数人的意见，和少数人商量，领导核心说了算。

——1990 年 10 月的内部讲话:《造就一个真正的斯巴达克方阵》

背景分析

柳传志提出的"听多数人的意见、和少数人商量、领导核心说了算"，是一种广泛应用的组织原则，道理几乎不言自明。

对于一个班子来说，为了能够发挥系统的作用，必须有权威的存在。没有权威存在，什么事也决策不了，干不了。因此，在最终作决策时，必然是"领导核心说了算"。但每个人的智慧和对情况的掌握都是有限的，发扬民主，"听多数人的意见，和少数人商量"，才能集思广益，提高决策的质量。

人只有通过群体才能发现自己的真正本性，获得真正的自由，成为真正的人。班子中的成员通过会议、讨论和协作，可以相互激起潜在的思想，并在对共同目标的追求中表现出团结。在群体中，个人可以发挥出更大的创造能力。美国管理学家和政治哲学家玛丽·福莱特认为，解决组织内部冲突的办法有三种：压服、妥协、利益结合。提高利益结合的办法是比较困难的，这需要智慧、识别力和创造力。但真正要解决问题，必须用这种办法。为实现利益结合，需要对权威和权力有一个新的认识，要用"共同的权力"来代替"统治的权力"。权威存在于形势之中，而不是存在于个人或地位之中。她认为，领导不应以权力为基础，而应以领导者和被领导者在形势中的相互影响为基础。

联想"听多数人的意见，和少数人商量，领导核心说了算"是"利益结合"的办法，有助于班子的团结和提高决策质量。虽然"利益结合"是组织解决问题的正确道路，但仍然有大量的领导人因为受限于对权威和领导行为的理解，或者因为缺乏必要的智慧、识别力和创造力，无法实现"利益结合"，而更多地采用了"压服"或"妥协"的办法。

行动指南

消弭组织内部冲突，防止组织内耗。

04月
26日 建立起班子的集体威信

比如我，有很多时间离开企业，但是企业一切有关战略仍旧在有条不紊地实施。这是因为这些战略是我们领导班子共同讨论、一起推动的。集体的威信大大高于个人的威信。有的领导不明白这点，经常和别人说合作者的坏话，其实这对班子是非常不利的。

——2002 年 2 月接受新华社记者的采访

背景分析

一把手是企业组织的领导核心，他必须具有权威。权威是存在于正式组织内部的一种"秩序"，是个人服从于协作体系要求的愿望和能力。组织的有效性取决于个人接受命令的程度。美国著名管理学家切斯特·巴纳德认为个人承认领导的权威性并乐于接受指令有四个条件：他能够真正理解指令；他相信指令与组织的宗旨是一致的；他认为指令与他的个人利益是不矛盾的；他在体力和精神上是胜任的。

因此，从权威有效性的来源看，它取决于其他人的认可和服从，而不是法定的权力和地位。许多管理者迷恋权力、地位，喜欢发号施令，却不知这种做法并不是建立权威的正确途径。如果一把手发出的指示得到执行，在执行人的身上就体现了权威的建立，违抗指示则说明执行人否定这种权威。当班子中的多数人感到指示不利于或有悖于他们的个人利益，从而撤回他们的支持时，权威也就不存在了。因此，一把手的权威性实质上是首先靠一个"班子"来维持的（更准确地说，是在企业整体中得到维持的）。

行动指南

靠班子来维持和强化领导人的权威。

04月 29日 能凝聚起来的班子才叫班子

　　杨元庆领导的这个班子是联想一贯的方式组建的，建班子、定战略、带队伍，这8个人每个都有职有权，管理着公司各方面的业务和各个重要岗位的成员。以前我在跟前CEO谈的时候我说你没有班子，他说我有啊，我有40多人的一个大班子，其实那个班子是不能讨论工作的，在我的习惯中总是觉得听多数人的意见和少数人商量，最后当然是CEO拍板说了算。

——2014年10月在博鳌"企业走出去"论坛的发言

背景分析

　　阿梅尔奥建的班子和杨元庆建的班子有何不同？阿梅尔奥的班子人数多，缺乏沟通，职权单一，执行呆板。杨元庆的班子人数少，每个月都能在一个国家一起待三天，互相磨合和认识，先务虚讨论以前失败的原因，逐渐深入到落实的层面。

　　柳传志希望达到的效果是通过讨论，最后研究出的结果能让这个班子里的人都觉得自己很重要。实践证明，这的确起到了应有的作用，之前天各一方，现在面对面，做市场跟做供应链的怎么衔接，都会在这个场景下反复磨合，这些人的感觉就会逐渐改变。所以这个班子凝聚力更好，战斗力也更强。

行动指南

　　让班子里的人都有主人翁的感觉。

04月 30日 班子要有文化共鸣

这个（联想）文化里面最简单的一件事情就是我坚决要求说到做到，德国子公司经常完不成业务目标，我就问那个总经理，为什么CEO给你布置这个任务的时候你就接受呢？他就说那是他对CEO的一种尊重，我说那你没完成CEO也没有对你怎么样，他说那是CEO对我的宽容。这确实是一种文化，但在我这儿我就说，那不行，我们这儿一定要说到做到。

这两个故事不是孤立的，企业走出去遇到最大的问题其实就是文化磨合的问题，不同国家的人怎么在一起工作。

——2014年10月在博鳌"企业走出去"论坛的发言

背景分析

一个重新整合起来的班子，特别是由来自多个国家和地区不同背景文化的人组成的班子，首先要做的就是统一思想，也就是企业文化，即所谓的核心价值观。CEO和执行者要建立起一个关于目标的共识，允许什么，不允许什么，赞成什么，反对什么，要非常简洁明了。有了共识才有方向，以及此后采取正向激励和负向激励的依据。

行动指南

统一思想，加速前进。

定战略

 制定战略的方法论

　　从蒙着打到瞄着打，是提高学习能力的一个过程，再后来就变成了定战略的方法。要建班子，需要逼自己进行复盘，同时退得远一点，把做的事重新想一遍，反思的过程其实就是瞄着打的过程。

　　比如当初我从做汉卡转向做代理，那就是蒙着去做，不是有意识地转向。但是做了一两次以后，就会发现你做的事情，是不是还有更好的选择？这就是蒙着打到瞄着打的过程。

　　今天吃着碗里的饭，一定要记住看着锅里的饭，因为不确定的环境在变化，其实这也是一个瞄着打的过程。

　　再后来我就把它变成了定战略的方法。什么叫战略，就是我们自己规定一个目标，有实现目标的路线，有实现目标的步骤，怎么去选人等等，按照这个去做。而这些东西都不能教条。有了这个意识以后，其实就是有了一个瞄着打的过程，你不会突然间发现自己犯大的错误。

——2016 年 3 月在联想之星创业 CEO 特训班第八期

分享主题:《总裁是怎样炼成的》

背景分析

一个人要打靶,先要在墙上画个靶子,然后端起枪来,照着靶心打,这样的命中率才高,不管不顾先打一通,这是瞎打盲打。

柳传志定战略的理论即为:凡事应先弄清楚目的,对你要做的事情有充分了解,想清楚所有相关方面的内在联系,然后才能勾画未来战略。战略指的是企业为谋求生存和发展而做出的长远性、全局性的谋划方案,是有目标性的存在。

打了一枪之后看看靶子,看自己有没有打偏,偏到什么角度,按照经验调整自己打枪的角度,这叫复盘。企业在执行之前的战略时,不断总结历史经验,不断校验和校正战略目标,战略目标才符合公司实际发展的需要。

行动指南

要知道自己在做什么。

 ## 跳出此山中定战略

我们知道英特尔的芯片有 386、486、奔腾……大家觉得全是技术的发展,其实不仅如此,386 和 486 发展的时候,英特尔已经到极限了,为什么呢?当时使用 DOS 操作系统,机器的速度已完全够用,英特尔如果再继续发展的话,就没有这么大的利润市场,但如果它不做,就会被其他企业淹没。这时候英特尔就主动跟微软进行联系,能不能大家一起来把市场开拓出来,于是 Windows 操作系统在英特尔的鼓励下才开始做。Windows 操作系统出来以后,奔腾立刻用上了。随着多媒体网络的出现,奔腾的应用进一步扩大,英特尔公司不仅把精力投放在做芯片上,还花了很大的力量推动应用市场，它在中国想尽办法帮着我们扶植软件业。这是什么意思呢？你卖芯片怎么扶植软件业呢？原来它对这些问题有更深层次的认识。像这样的例子，国外企业界有很多，就是他们把棋子后几步怎么走都看得比较明白，这就是一个战略实施的作用。

——在复旦大学的演讲：《联想的创业之路》

背景分析

柳传志是一个有着战略思维的人，他所提倡的走出庐山看庐山，站在画外看画，站在远处把问题看清楚，都是其战略思维的表现。

战术的成功只可能赢得一两步，而战略的成功则可以赢得更多。那为什么国人却总是关注一城一地的得失，而不愿意进行战略设计，更谈不上实施呢？这很大程度上与国人的投机心理有关，国人总是愿意把看到的赚钱机会中最赚钱的事情当成自己的最佳选择，而没有认真想一想，什么是最适合自己的；这一步走完下一步会怎么样，该怎么走。

行动指南

训练自己的战略性思维。

05月 3日 什么是企业战略？

什么是企业战略？我以为企业战略就是你要干什么行当，要干到多大，钱和人往哪儿投，哪些事情能做，哪些事情不能做。

什么事情不能干？没钱赚的事情不能干；有钱赚但投不起钱的事情不能干；有钱赚也投得起钱但没有可靠的人去做，这样的事情也不能干。

——陈惠湘，《联想为什么》，北京大学出版社 1997 年版。

背景分析

战略管理大师波特认为，"战略"一是"创造一种独特、有利的定位"，二是"在竞争中做出取舍，其实质就是选择不做哪些事情"，三是"在企业的各项运营活动之间建立一种配称"。

柳传志对企业战略的认识其实和波特的异曲同工，只是表达得更加东方化而已。干什么行当，要干多大，这属于波特说的定位范畴；什么事情能干，什么事情不能干，这属于在竞争中取舍的范畴；关于钱和人怎么投的表达，接近于在企业的各项经营活动之间建立起一种配称。

比起西方理论中关于战略复杂、拗口、难以理解的解释，柳传志的解释简单、直接、更具有可操作性。

行动指南

考虑当下做的这件事情，是否属于能干的范畴。

05月 6日 立意高，才可能制定战略

立意高，才可能制定战略，才可能一步步地按照你的立意去做；立意低，只能蒙着做，做到什么样子是什么样子，做公司等于撞大运。当时做生意的典型方法有三种：一种是靠批文，拿到批文后，一台 XT 机器就能卖四万多元；二是拿平价外汇；三是走私。

1987 年、1988 年的时候，公司高层就此进行过一次讨论。我们的办公室主任一心想要把我们公司办得像北京科海电子技术有限公司那样——总公司下面一大堆小公司，每个公司都独立做进出口，虽然每个公司都在做重复的事情，但是每个公司都赚钱。我原本并没有强调"大船结构"，当时提出"大船结构"只是为了反对"小船大家漂"。

——1998 年接受《计算机世界》杂志的采访

背景分析

至少在初期，柳传志是一个立意高远的偏执狂。1988 年，中国银行营业部的总经理到联想访问，柳传志和联想给她的印象是："当时联想的规模非常之小，但说话的口气很大，柳总两眼炯炯有神，带我到处参观，看营业楼、看仓库、看货，恨不得连厕所都要去看……"

联想前 CFO 马雪征对柳传志也有类似的评价。1988 年 6 月，这位当时中科院院长周光召的特别助理第一次来到香港联想位于柴湾的办公室。在马雪征想来，香港灯红酒绿，香港联想一定很是气派，谁知却是一个连深圳都很难见得到的简陋地方。不过，让马雪征印象最深刻的不是香港联想的破旧，而是在那样的环境下，柳传志的自豪感以及对未来宏图的规划。

行动指南

站得高，才能望得远。

05月 制定战略的三个指导思想
7日

一是坚决不受"做成一个产品一举成功的诱惑"；二是发挥优势，做外国大公司所不能做或不愿做的事情；三是做一般小公司或短期行为的公司做不了的事情。

——2006 年 6 月在中欧商学院的演讲:《联想的战略制定和执行》

背景分析

做大公司所不能做或不愿做的事情，做小公司或短期行为的公司做不了的事情，柳传志的这种做法其实是管理学里常说的差异化竞争定位。

差异化，在迈克尔·波特（Michael Porter）的《战略管理》一书中，是一个企业与竞争对手竞争的一把利剑。差异化，可以是产品的差异化（比如由于企业本身掌握独特的生产技术）、管理差异化（比如企业可以采用全面质量管理来提高企业的成品率从而降低产品成本）等，柳传志这里讲得更多的是定位的差异化，简单地说，就是让联想显得有些不同。

行动指南

做别人不能做、不愿做、做不了的事情。

05月 8日 不受做成一个产品成就一个公司的诱惑

在硅谷，每年有几百家企业挂牌上市，或者股价飙升，同时也有几百家企业会垮下来，为什么呢？它们完全是靠一种产品本身来决定企业的情况，产品好了就上去，产品被别人超过了就下来。但是像联想这样，要求长远发展的企业，它主要的问题是管理体系，要能进行战略规划和实施。

——在复旦大学的演讲:《联想的创业之路》

背景分析

对于许多高科技公司来说，一夜成名是一种很自然的想法，不过，柳传志却不这么认为。他不希望联想成为靠一个产品成就的公司，他甚至不喜欢别人称赞联想做了什么勇气可嘉的事情，柳传志的逻辑很简单，那就是联想要做一个长久的公司。既然要做一个长久的公司，那么，就不能做偶然性的大决策，就要追求确定性，而进行好的战略规划并把它执行到位，是联想不断发展的保证。

行动指南

抵制一夜成名的诱惑。

05_月 企业家需要战略实施和设计的双重能力
9日

有的企业领导人能够不断地给企业设定高的目标，能够有具体步骤来实现这个目标，这种企业往往能克服一个又一个的冬天。在我们国家，很多企业做不长，原因可能有多种，其中一种就是没有给自己制定出合适的战略，还有就是设定的目标根本难以实现。这种情况挺多的。企业家本身应当是能够不停地设定高远目标，然后有能力把它分解成具体的战略步骤去实现。这中间难就难在它不是单方面的、业务上的问题，而是要有全方位的具体设计，不是光知就行了，一定要知与行统一起来。所以真正要做一个好的企业家，一定要有战略实施设计能力。

——2006 年 6 月在中欧商学院的演讲：《联想的战略制定和执行》

背景分析

企业家必须先是战略家，相信同意柳传志这个观点的企业家不在少数。张瑞敏、任正非、李东生都是战略大师级的人物。他们之所以能受人尊敬，很大程度也是因为他们在战略设计上的成功。不过，在中国企业家中，真正具备战略设计及实施能力的企业家并不多，不少企业家语出惊人，却因好高骛远而昙花一现。这些企业家更多地考虑外部的因素，但对企业内部的文化、运行机制等顾及很少，没有把设计和实施结合在一起，因此最终多是走向失败。

行动指南

知行合一。

05月 10日　如何具体实现战略目标？

如何具体实现战略目标？可以分以下几步：1.确定长远目标；2.决定大致分几个阶段；3.当前最近的目标是什么；4.选什么方式去实施；5.行进中要不要考虑调整方向。

——2006年6月在中欧商学院的演讲：《联想的战略制定和执行》

背景分析

从亨利·明茨伯格（Henry Mirtzberg）开始把战略问题看作管理活动的至高水平，并致力于深入研究以来，关于战略的学术研究逐渐成为一门显学，各商学院也通常把战略设计、管理和实施当作最终的、必要的、最重要的课程来开设。

不过，公司更好地实施战略计划，也就是我们常说的战略实施是一个持续讨论的话题。《哈佛商业评论》曾有一篇文章指出：大多数公司都有宏伟的增长计划，但没有几家能实现。据某项权威研究，1988年至1998年，在全球1854家大公司中，每8家公司里就有7家未能实现盈利性增长。然而，其中竟然有90%的公司都曾经制定过详尽的战略计划，而且定下了雄心勃勃的战略目标。显然，大多数公司的战略制定与战略实施之间存在脱节，或者说，很多企业停留在战略制定上，在战略实施上缺乏像联想一样行之有效的步骤。

行动指南

把难以达到的目标进行分解，逐步实施。

战略要有前瞻性

　　战略制定的很多事情要提前拐大弯。如果不是 2000 年的时候进入投资领域，一根筋全力投在电脑业务上，那我们今天已经死过两次了。这是 18 年前做的战略布局，当然这个布局也是冒了很大的风险，但是要不布局，那就是温水煮青蛙，等死。

——2019 年 1 月在君联资本企业发展研究院三期班毕业课的分享

背景分析

　　企业是要跑长跑的，跑长跑的意思就是说要能够保证活得长，活得好，而不是昙花一现。

　　今天，联想成为中国最具实力的中国高科技企业之一，很大程度上是因为柳传志能够有超越时代数十年的眼光，以及与时俱进的战略设计和实施能力。

行动指南

　　制定一个长期的战略，并根据外部环境不断调整，才有机会后来居上。

 合理设立发展目标

　　什么是发展目标呢？我认为发展目标就是你要做什么行当，要干到多大，钱和人往哪儿投。

　　打桥牌叫多少分就得打多少分，这是信誉。

——陈惠湘，《联想为什么》，北京大学出版社 1997 年版。

背景分析

柳传志喜欢桥牌是众所周知的，他曾多次以桥牌做例子来讲述什么是人才。在他看来，以打桥牌为例，一种人叫多少分就能打多少分，这种人应该打满分；第二种叫得低打得高，应当给 90 分；第三种人叫得高打得低，那实际上是不及格。

柳传志推崇说到做到的企业文化，具体到战略设计和目标管理，说到做到就是合理设定发展目标并能最终实现。

行动指南

说到做到，可以为你挣得最早的人脉资源。

05月 15日 企业制定目标的难点

企业设定一个发展目标不难，难的是两点：一是目标的合理性和可能性；二是设定目标之后不为其他因素所动，能够坚决地去做。

这两者是相辅相成的，如果目标设定得不合理，不存在实现的可能性，那么，就很容易被其他因素所动，在执行的过程中就很难执行到位，就会陷入前怕狼后怕虎的尴尬境地。

——2006 年 6 月在中欧商学院的演讲:《联想的战略制定和执行》

背景分析

联想在具体目标设定上、流程上采取由上到下地分解，然后再由下到上地汇总的方式。在具体设定原则上，有个通俗的说法："踮踮脚，够得着。"踮踮脚就是说这个目标一定不能以自身能力为导向，必须团结全体员工，经过艰苦努力才能达到；够得着则是说这个目标不能是好高骛远、高不可及的，而是有可能完成的。

采取这样的方式设定目标，既能调动目标执行人的能动性，使目标的合理性和可能性都得到保证，同时又能让目标执行人在任务执行上坚决果断，避免因为执行力度不够造成最终目标无法实现。

行动指南

行胜于言。

05月 16日 龟兔赛跑和战略路线制定

与国外企业竞争，有点像龟兔赛跑。外国的企业好像是兔子，我们好比是乌龟，乌龟和兔子赛跑，兔子又不肯睡觉，乌龟就要做两件事：一是向兔子学习；二是利用赛跑的环境，比如在沼泽地里赛跑，才能获胜。我们制定的战略路线就是从这个基点出发的。

——2002 年 8 月在国际管理科学学会上的讲话

背景分析

战略路线的制定必须根据客观环境来进行，如何把纷繁而复杂的主客观环境理顺，柳传志给出的一个很重要的建议是确立基点。

以联想为例，其之所以制定战略是要超越海内外的同行，因为只有这样，联想才有可能成为百年的联想。而要超越海内外特别是相对强大的海外同行，无异于一场龟兔赛跑，在这场最终乌龟取得胜利的比赛中，联想靠的是自己的学习能力和适应环境的能力，与之相对应的战略规划、发展路线的制定都基于此。

行动指南

确立基点，将复杂的问题简单化。

制定发展战略的总体路线

　　为实现目标决定做什么，不做什么，用什么方法做，称为路线。比如一个房地产公司决定怎么样拿地，怎么样融资，到底盖办公楼还是住宅，是在本地区发展还是向全国发展，是出租还是出售等。定下的大的方向，实际就是发展路线。

　　这是制定战略比较重要的部分，有很多具体步骤：1.制定前的调查和分析。首先是外部的调查分析——世界和地区的政治、经济方面的调查分析，本行业的状况和前景的分析。2.对内部资源能力的审视，包括形成价值链各个环节的分析、核心业务流程的分析、核心竞争力的分析等。3.对竞争对手的分析和比较，分析竞争对手的战略、实际情况等。调查分析之后就是制定路线。

　　　　　　——2006 年 6 月在中欧商学院的演讲:《联想的战略制定和执行》

背景分析

　　制定发展路线是战略实施中的第一步。简单地说，就是战略目标定下来后，该怎么实施。这就需要制定发展路线。

　　发展路线的制定其实是明确如何对资源进行配置，联想 1996 年至 2000 年的发展路线为：在信息产业领域进行多元化。而同一个联想，2001 年至 2004 年的发展路线则是在其有资源优势的领域进行多元化发展。这种发展路线的变化都遵循把联想做大、给股东回报的原则，但同时也是依照联想的实际情况来制定的。

行动指南

　　根据自己的能力，制定符合自己实际情况的发展路线。

05月 20日 怎么实施战略目标？

要把长期目标分拆成今年要定什么目标，这个季度要定什么目标，为了实现这个目标要做哪些铺垫工作。1996 年联想翻身，PC 机连续 4 次大幅度降价，远远甩开了国外的企业，抢占了市场份额，变成了中国市场价格的领导者。我们选择价格作为突破口，是因为其他方面很难超过别人。电脑最主要的成本是在几个重要部件上——CPU（中央处理器）、硬盘、存储器。由于技术的不断发展，这三块每年都会大幅度降价。联想 1995 年大亏，实际上也是库存积压的问题。我们详细分析了库存积压的原因，研究怎么缩短订货周期、生产周期，怎么使销售流畅，怎么扩大市场，把这些一个一个进行演练，演练成功了就对外宣布降价。战术步骤是要进行演练的。

——2006 年 6 月在中欧商学院的演讲：《联想的战略制定和执行》

背景分析

柳传志有两个独特的手段，保证目标说到做到，一个是事先的演练，一个是事后的复盘。

在每个项目运作前，柳传志会很认真、细致地与相关负责人讨论可能存在哪些问题，怎么解决这些问题，解决这些问题时可能存在的难点和要点，等等。事后，柳传志也会认真、细致地与当事人进行研究讨论，成功了讨论为什么成功，有没有一些必然的规律性在里面；失败了讨论为什么失败，是在战略设计上出了问题，还是在执行上出了问题，应该怎么改进、怎么调整。

行动指南

学会演练和复盘。

05月 21日 调整是达到目标的必经过程

　　调整更重要，很少有定的目标一下就能达到的，一定要调整。我们在制定战略的时候，前面好像是草地、泥潭，要小心翼翼、反复琢磨、仔细观察，然后轻手轻脚地在上面走。走实了，是黄土地了，撒腿就跑。制定目标要非常小心，动起来要快，调整是动起来以后的事。

　　　　　　　——2006 年 6 月在中欧商学院的演讲：《联想的战略制定和执行》

背景分析

　　联想把业务分成两大类，一类是成熟的、稳定的业务，另一类是尝试性的业务。对于前者，联想强调绝对的刚性，而对于后者，联想则有着一套相对完整的目标管理办法。比如对于刚开展的新业务，由于没有掌握规律，谁也说不清楚应该达到什么样的量化目标，所以允许定得虚一些，再根据情况不断调整；等新业务做了一段时间后，开始有一些经验，但在成为行业领导者之前，还必须跟着别人的节奏走，对于这类业务则允许不完全说死，允许做一些调整，但主要目标是定死了的，年底拿出来算账。

行动指南

　　适时调整，努力向前。

05月 22日 制定战略路线受到什么影响？

　　目前我们自己的发展战略目标，实际上走的是中国经济的大形势。我们看哪些领域发展空间大，相对而言比较稳定，不太会受国际经济、政治形势等方面的影响，这样的行业必然在传统领域，比如农业食品、医疗健康等。这些领域在中国很多是看着已经很成熟，但是实际上给了我们很大的发展空间。单说农业，中国有这么多人，是个农业大国，但事实上中国不仅工业落后，农业也极端落后。现在需要采用合作经营模式，合作经营是为了干吗呢？还不是为了科学经营。

——2014年5月，《中国企业家》杂志《柳传志：我不是教父》

背景分析

柳传志多次表达过对于时代不确定性的担忧，另一方面，为了保障 IT 业务的创新，联想也不会在其他领域做过多的冒险，所以在战略上，柳传志选择了相对稳定不受外界影响的农业领域，成立了佳沃农业。

柳传志此前谈到战略制定时曾经讨论过，制定战略，第一要分析客观情况，包括行业状况、地域状况、竞争对手状况，以及世界经济政治状况；第二也要分析主观情况，看到自己的长处和短处是什么，研究透自己能干什么，确定将业务重心放在哪儿。对于联想控股这样意图多元化的企业来说，情况更加复杂多变，还要考虑到多元业务之间的支持和配合。下一阶段的农业战略是内外部平衡的必然结果。

行动指南

内外兼修。

战略制定和实施中企划的作用很大

一个企业制定战略的时候，总裁手下一定要有非常出色的企划部门，负责制定战略前为决策层提供营养；制定战略时具体的组织工作，执行时的协调、监督和调整。

为什么要用企划，而不是 CEO 亲力亲为？一个是 CEO 的精力有限，不一定顾得过来，一个是企划是个缓冲器，能很好地起到承上启下的作用，能很好地把战略落实下去。

——2006年6月在中欧商学院的演讲：《联想的战略制定和执行》

背景分析

柳传志对企划的重视超过其他任何一个企业家。郭为和朱立南这两位联想控股下属公司的领军人物先后担任过柳传志企划办的总经理，正是在做企划期间的突出表现，成就了两位少帅。与具体执行的部门相比，企划是一个相对务虚的部门；与具体决策的总裁室相比，企划则相对务实。对于联想这样一个把嘴皮子磨热后，把事情做到位的公司来说，企划很多时候都起到四两拨千斤的作用。

柳传志曾用过打排球打到空位该怎么处理的例子来说明企划的重要性，借用排球的例子，企划相当于排球里的自由人，更多是完成从防守到攻击的转换。

行动指南

开辟出组织中的缓冲地带。

05月24日 战略的谋与行

我常把制定战略比喻为找路。当前面草地、泥潭和真正的道路混成一片无法区分的时候，我们要反反复复细心观察，然后小心翼翼地、轻手轻脚地去踩、去试。当踩过三步、五步、十步、二十步，证实了脚下踩的确实是坚实的黄土路的时候，则毫不犹豫，撒腿就跑。

这个去观察、去踩、去试的过程是谨慎地制定战略的过程，而撒腿就跑则是坚决执行的过程。

——2006 年 6 月在中欧商学院的演讲：《联想的战略制定和执行》

背景分析

除了用海作比喻，柳传志喜欢用的另一个比喻意象是路。比如说队伍建设，柳传志喜欢说：撒上一层新土，踩实，再撒一层新土。

制定战略如同找路，必须小心翼翼、瞻前顾后，这样才能不陷入泥潭里，并顺利找到出路。执行战略如同跑步，必须撒腿就跑，毫不犹豫，这样才能高效地完成战略目标。

行动指南

谋划的阶段应该慢，执行的时候需要快。

05月 27日 战略目标的实现必须步步紧逼

战略目标的最终实现必须步步紧逼。

企业战略犹如军事战略，空军轰炸什么时候开始，炮兵什么时候到位，陆军什么时候冲锋，所有环节构成一个缜密的计划。棋错一着，满盘皆输。

有多大的能耐干多大的事，步步紧逼实质上就是一个条件的营造过程，是一个优势培养、逼近目标的过程。

——陈惠湘，《联想为什么》，北京大学出版社 1997 年版。

背景分析

一着不慎，满盘皆输。军校毕业的柳传志深知战略实施的重要性，他总是不厌其烦地给他的同事和下属灌输步步紧逼的战略实施思想，并制订详尽整体的推进计划。

以联想早期的海外三部曲为例，一开始大家只是觉得在香港设立一个贸易机构对于业务的拓展有更大的帮助，可柳传志却战略性地给联想设计了以香港为桥头堡，涉足制造业，然后伺机制造自己的品牌电脑，打造完整的外向型产业链条的发展路线，并一步一步有条不紊地落实到位。

行动指南

逐步推进计划。

05月28日 路线考虑清楚后做事要坚决

20世纪80年代拨电话号码是件很麻烦的事情，那时电话需要接线员转接。拨不通的话有两种可能，一种是线路忙，另一种则是号码不对。遇到前一种，只有一个选择，那就是不停地拨；遇到后一种，则永远拨不通。

执行路线有些像那时拨电话号码，如果认准的目标是对的（电话号码是对的），那么就要坚决贯彻：不因小胜而张狂，不因挫折而气馁，不因诱惑而动摇就是这种坚决性的体现。

——2006年6月在中欧商学院的演讲：《联想的战略制定和执行》

背景分析

1984年创办的联想是中国最早的有现代意识的企业之一。这种历史定位决定了联想的先行性，但由于没有可以借鉴、可以对比的参照物，怎么发展是见仁见智。

前期的怀疑和争论甚至会使后期执行力不从心。柳传志用一个拨电话的例子告诉大家，只要方向是对的，就要不停地"拨"。

行动指南

一旦确定目标是对的，就要执行到底。

05月29日 制定战略的规范流程

制定战略的规范流程是，首先是由CEO提出，其次是充分吸取高层管理层的智慧来最终作出决定，让我说就是务虚。所谓务虚呢，就是顾问、高级管理层在一起把相关的事情谈透，然后再来谈具体的战略的制定。为什么要这样做呢？不然的话，到发生问题的时候，CEO 就要临时去协调，这样 CEO 的执行能力相对就会变弱。这个时候，如果需要把更多的精力放在新的他也不太了解的项目上去，会使基础产业受到冲击。在这种情况下，CEO 就不得不重新调整战略，形成一个新的战略方针。

——2004 年 6 月接受第一财经频道《中国经营者》栏目的采访

背景分析

柳传志说这话的时候，正值杨元庆的新联想处于全面反思、收缩多元化战线、回归 PC 主业的关口上。对比上述话语，至少在柳传志看来，联想在那一两年遇到的问题，更多是因为制定战略没有遵照规范的流程。而一种让杨元庆能体面接受的说法则是，杨元庆更多的是作为一个方面军的负责人，离一个掌控多元化业务的 CEO 的要求还有一定的距离。

行动指南

一个人的精力是有限的，要做自己擅长而且能控制的事情。

05月 30日 移动互联网时代的联想战略

今天的互联网是移动互联网，再之后，就是物联网和人工智能、生物工程联系到一起的时候，到时世界会是什么样？今天很难想象，非常难想象。人的脑电波可以直接控制机器人，这对军事和生产上的影响是无法言说的，这些东西都会在在座的年轻朋友那里看见。

因此像我们这样的企业如何布局也是问题，联想就专门又设立了一个天使投资基金，拿了 16 亿专门去投这些高科技领域的企业，不仅是中国的，还有外国的。同时我们办了一个"联想之星"的培训班，一年有 12 次培训，并且是免费的，从中挑选最好的高科技企业，然后进行培育。当认为是好的种子和苗子的时候，联想的财务投资、战略投资将不遗余力地跟上，把它做好，这是我们目前的战略计划。

——2016 年 10 月在中国电子商务发展峰会演讲：

《企业要保证活得长，再努力活得好》

背景分析

联想做投资是以财务投资起家的，2008 年前后，柳传志决定从财务投资进军到战略投资中去，最主要的原因是联想控股要在 IT 业务之外，再找到一个或者多个新的支柱，让 IT 业务摆脱顶梁柱的身份，没有后顾之忧地进行创新和竞争。

做投资不是一件简单的事情，要看到产业趋势、技术方向和市场机会，把优秀的、符合联想未来计划的公司拉入规划中，这是柳传志为联想设定的战略方向。

对于有能力有财力的大型公司，在支柱业务之外，通过投资的方式寻求新的增长点，这种事并不罕见，重点是要做到将投资与自身的战略规划紧密结合，实行市场、技术、产品、人才、资金的优势互补。

行动指南

一切战术应遵循战略原则。

带队伍

好的企业就像一支军队

好的企业就像一支军队。令旗所到之处三军人人争先，个个奋勇，退却时阵脚不乱，好比一个斯巴达克方阵。

——1997 年在中科院工作会议上的讲话：《联想集团管理三要素》

背景分析

柳传志迷恋乔万尼奥里的长篇小说《斯巴达克斯》，他为书中所描绘的斯巴达克方阵所震撼。这样一个强调序列和自我牺牲，强调共同理想、整体性作战的团队，正是柳传志梦寐以求的。柳传志不断把这种向往传递给他的接班人。杨元庆在他最著名的演讲《每一年，每一天，我们都在进步》中不仅提到了战争，而且明确提出，目标是打造一个坚强的斯巴达克方阵，一支有严明的组织纪律、富有朝气的队伍……

行动指南

令行禁止。

06月 2日 研究带队伍的规律

要想打造斯巴达克方阵，就要好好研究怎么带队伍：

企业在不同时期应采用什么样的组织结构，使得运作的效率最高？

应该有什么样的企业文化使员工和企业的目标能够一致，最大限度地加强凝聚力？

应该有什么样的管理模式使得员工有令能行、有禁能止？

应该有什么样的激励方式使现代中国的年轻知识分子能发挥最大的创造力，能培养出出色的领军人物？

——1997 年在中科院工作会议上的讲话：《联想集团管理三要素》

背景分析

谁都希望能带出一支好的队伍。不过，好像很少有人能像柳传志一样，早在 1997 年之前就开始思考怎么带队伍，并形成一套相对成熟和完善的理论。这套理论体系直到今天还极为适用，柳传志的管理思想确有其极强的生命力。

对于管理三要素，很多人都很奇怪为什么是班子第一、战略第二、队伍第三，按通常的逻辑应该是战略第一、班子第二、队伍第三，先有战略再有班子也就是所谓的先事后人。不过，对于当时产权不清晰、发展路线却很清晰的联想来说，先有班子再有战略的提法在实践中得到了印证。

行动指南

研究规律并在实践中检验其正确性。

研究带队伍的法门

1994 年以前，我几乎是事事在第一线亲自指挥。到了 1994 年以后，大多是一边做事，一边带人。做事的时候，我经常有一些想法，因为我要带团队的负责人，所以我会多听他的想法，等他谈完了，我再谈我的想法，然后大家互相交流。

最后使得他能够跟我取得共识，对我自己进步有好处，对他也有好处，免得我上面定了一套东西，你不按照我这个去做，这样的事少发生。

——2018 年 3 月 17 日在联想之星创业 CEO 特训班第十期
开学典礼的讲话

背景分析

柳传志带队伍的理论境界经过了三次提升，正好符合王国维的三段论：从"独上高楼、望尽天涯路"，到"衣带渐宽终不悔"，再到"蓦然回首，那人却在灯火阑珊处"。

第一个阶段就是 1994 年以前，柳传志在前线亲力亲为，所有项目都亲自主持。1994 年到 2000 年的时候，公司的业务进入到一个新的状况，要跟国外的 PC 竞争，柳传志就把"带人"和"自己做"结合到一起，跟年轻同志一起商量、一起讨论，一边做一边带人。到 2000 年之后，柳传志进入联想控股，选择了给优秀的人搭建平台，让 CEO 带队打仗。

行动指南

在公司的不同阶段对如何带队伍有不一样的考量。

周而复始地进行队伍建设

北京有一家著名的酱肉店，从清朝开业直到今天，与全聚德烤鸭一样是北京为数不多的百年老店。这家酱肉店烹制的各类酱肉享誉京城，其中很重要的原因是店里用的酱肉汤汁从清朝起就传下来，已有百年的历史。每次烹制酱肉，师傅们都从缸里舀出些许老汤，然后又用等量的新汤兑回缸里，舀出的老汤拿去烹制酱肉，兑回的新汤又融入那缸百年老汤里，周而复始，代代相传。我们带队伍的道理也是这样。

——陈惠湘，《联想为什么》，北京大学出版社，1997年版。

背景分析

关于队伍建设的周而复始论，柳传志还有一个著名的观点，那就是"撒上一层新土，踩实，再撒上一层新土"。柳传志曾以需要接受改造的知识分子身份到湘西地区的怀化农场下乡劳动，也许就是在那里，他参加或者看见过修筑公路，从而总结出这样的一种队伍建设的方法。

行动指南

周而复始，以老带新。

物质激励是第一位的

我们对员工，尤其是对骨干员工有很好的激励方式。激励分两方面，一是物质激励，二是精神激励。凭什么吸引年轻人到联想来工作呢？我想大概有几个方面：第一是物质保证。物质和精神两个都需要，但是我们历来认为物质是第一位的。联想的薪酬包括了四个方面：一是薪金，二是奖金，三是福利，四是认股权证。

联想的薪酬体系采用国外通用的 CRG 模式，我们强调公平、公正和公开。奖金基本上是根据三种情况：一个是集团的效益，一个是你这个部门的效益，一个是你个人的表现。

——1999 年在联想清华校园世纪寻才活动上的讲话

背景分析

许多企业都将激励视为管理员工的重要手段，但由于激励，特别是物质激励多会影响企业的成本和收益，因此往往流于形式。但联想认为，企业对员工的物质激励是其履行对员工责任的重要手段。特别是对于业务骨干，如果仅仅采用精神激励，时间一长可能就会行不通。因此，物质激励是精神激励的基础。

物质激励分为长期激励和中短期激励。值得一提的是，随着企业效益的提高，员工的待遇是应该逐年提高的。虽然联想作为制造业企业，利润微薄，对每一项支出都要精打细算，要"从毛巾里面拧水"，但是不能从员工待遇方面去拧，而是要千方百计地提高企业的效率。否则，员工很快会被"掏空"，企业也就无法跟对手竞争。所以在这个情况下，联想的指导思想是员工的待遇要比国内同类型的企业高。

行动指南

物质激励和精神激励要两手抓。

激励员工作中长远考虑

联想的中短期激励有两种，一是就完成一个特殊项目给予的奖励，即项目奖；二是年终奖金。除了一般意义上的年终奖外，联想控股还创造性地提出了所谓的"三年奖金"，这种奖励是特别针对骨干员工提出的。如果他们今年做的这个战略计划或者准备做的事情，在后面三年中都会产生效益，那么，他不仅今年能够得到奖金，而且在未来的三年还会按照一定比例得到奖励。这便会让一些管理层或骨干员工有更多的积极性，而且做事也会考虑得更为长远。

——2007 年 1 月接受《第一财经日报》的采访

背景分析

联想的物质激励分为长期激励和中短期激励，其中最长期的激励就是股权激励。公司把总股权中属于联想的 35% 分给了 11 个创业元老，把 20% 分给了从 1984 年加入公司的 180 多名一般员工，剩下的 45% 留给后来的年轻人。

在中短期激励方面，联想最值得称道，也最具特色的是其"三年奖金"的做法。这种做法兼顾了短期激励和长期激励的优点，能让骨干员工积极地去思考一些长远的目标。

行动指南

建立起短、中、长期都兼顾的激励体系。

 讲功劳也讲苦劳

在联想，现在已不是强调"只讲功劳，不讲苦劳"的年代。那是公司创办时期的口号。今天联想强调的是运作驱动，不但要完成任务，而且要了解你完成的手段，一招一式是否规范。也要考虑领导者是一个人拼死累活地干，还是组织队伍一起干；是你把工作方案一个人装在脑子里，别人都是简单的执行者，还是让下级都能成为主动的参与者，调动起下级的积极性。这两种领导的得分是不一样的，升迁也是不一样的。

——在联想 1999 年誓师大会上的讲话：《把压力转换为动力》

背景分析

联想创办之初，柳传志提出"只讲功劳，不讲苦劳"，因为人们容易强调完不成任务的客观原因，所以特别提出你完成了任务，有了功劳，什么都好说；如果你没有完成任务，你就应该受到批评，就不必强调客观。这种提法突出了目的性而不去考虑过程，这种结果导向的提法对于整个联想上下同心的大船结构有一定的隐患，这也是柳传志把"只讲功劳，不讲苦劳"修正为"讲功劳，也讲苦劳"的原因所在。不过，从实践情况来看，这种既要完美结果又要漂亮过程的提法并没有得到充分的落实。毕竟，这是一个世界性的管理难题。

行动指南

过程和结果同样重要。

06月10日 带队伍的两个要素

关注一块业务，我会观察领头人是不是合格，看他的总体战略方向，也就是是否在做正确的事儿。再有就是公司是不是建立了好的机制，是不是能充分调动大伙的积极性，一起把事儿做正确了。

——2018 年 8 月，投中网《独家对话柳传志：
当年我为何敢给天使投资团队拿 4 亿元试水》

背景分析

千军易得，一将难求。带队伍只有两个问题：谁来带，怎么带。解决方案也分为两部分要素：第一是找到一个好队长，这个任务就成功了一半；第二则是公司的组织机制能够协助队长，对整个队伍做出有效的鼓励和惩戒。只要这两个要素到位，则事可成矣。

行动指南

管理者先找到合适的人才。

06月
11日 入模子

我们对联想的一般员工有个"入模子"的基本要求，就是要求按照联想所要求的行为规范做事，联想的行为规范主要指执行以岗位责任制为核心的一系列规章制度，包括财务制度、库房制度、部门接口制度、人事制度等。执行制度是对一个联想人的最基本的要求。

——1990年10月的内部讲话：《造就一个真正的斯巴达克方阵》

背景分析

"入模子"是新员工进入联想的第一步。不进联想的"老君炉"，不被联想的企业文化同化的人，是不能成为联想人的。按照联想的传统，每一个联想员工，在入职以后3个月的试用期内，都必须参加"入模子"培训，否则不能够如期转正，"入模子"的成绩记入新员工档案，成为日后评审的重要依据。联想的各级干部，都有自己的"模子"，得到提拔的新任经理、总经理，都必须参加相应的培训班。

柳传志认为，联想要形成一个坚硬的"模子"，进入联想的员工必须进入到联想的"模子"里，凝成联想的理想、目标、精神、情操、行为所要求的形状。我们发现，大凡在市场强势时出现的公司，诸如华为、富士康，都有类似联想"入模子"教育的培训手段。很显然，一个企业要想获得市场竞争的胜利，要造就出一支能打仗的队伍，必须先在内部制定一个统一的行为规范。

行动指南

制定行为规范并严格遵守。

06月12日 发动机文化

在我印象中，香港人做事往往中规中矩、一丝不苟，老板叫做什么就做什么，老板叫怎么做就怎么做，不偷懒，也不越权。在联想把这叫"齿轮文化"，齿轮可以高效运转，但本身不产生动力。联想提倡的是"发动机文化"，意思是最高管理层是"大发动机"，而子公司的领导、职能部门的领导是同步的"小发动机"。

大发动机制定好下一阶段公司发展的目标、战略路线（当然制定这些时也会请"小发动机"参加研究），每个"小发动机"努力吃透总目标，然后领回分解到自己这一部分的子目标，以及相应的责、权和利（责、权、利是可以和"大发动机"讨论商榷的）。据此，"小发动机"定出一套工作方案，先提出个概要和"大发动机"对一下，看是否正确了解了上级意图，这称为"对大血管"。然后就可以召集本部门的骨干研究，要过到河那边去摘桃子，咱们到底是造船，还是建桥？游泳行吗？于是"小发动机"就会有各种创新的方案，就会发现更有潜质的小发动机苗子，而且自觉地不断提高执行力，把激励使用得更到位。最后的结果，大多数情况是出色地完成了任务。

这种做发动机完成任务的感觉，和做齿轮完成任务的感觉是很不一样的——充满了成就感。而就在这一次又一次的设计、执行之中，主人翁的感觉也越来越浓，小发动机苗子涌现得越来越多。这些"小发动机"不但可以不断输送人才，而且自己也想要更大的平台。

——2014 年 4 月，联想三十周年，柳传志发内部信：
《联想 30 年，感受最深的一件事》

背景分析

柳传志的管理思想，强调对人的能动性的发掘，他多次提到了被动和主动的问题。柳传志希望联想的员工，特别是骨干员工能像发动机一样主动做事，而不是像齿轮一样被动运转。柳传志为此在联想内部提倡主人心态，其主要内容包括：由上级驱动变为客户驱动和目标驱动；从被动的打工心态变为主动体现价值的主人心态；从对领导负责到对自己负责。

行动指南

让自己成为一个发动机。

培养人才是关键

人才都是这么被培养的：在发现人才的时候，就要让他能够有表达的机会，再给他机会让他试着去做，看他是不是像他说的那样。也要看做得好的时候他会不会总结，犯了错之后会不会调整。你要给他更大的机会，甚至还要把他从这个部门调到另外一个部门，全轮换以后，他就可能变成一个帅才了。

我说说诸葛亮培养接班人的问题。诸葛亮老坐在那亲自指挥，他聪明能干成这样，底下的人谁能比？永远就出不来了。所以如果诸葛亮早点让马谡、姜维几个人来出出主意，让他们说应该怎么打这个仗，说对了，就由他来指挥指挥。即使打败了，发现只不过是在某一个阶段的错误，给他指出来，再调一调，也许这个人就出来了。要是做得不好，作为一把手，你就顶上去一段时间，等找到合适的人才后再替换。这种人才管理机制的问题在哪呢？可能某一个部门，一时半会真的就找不着合适的人才，这也使得第一把手要站在这里很长时间。

——2015 年 3 月在联想之星创业 CEO 特训班回答问题

背景分析

公司的一把手是指挥者，是战略的制定者，要花大量的时间去做务虚的事情，不应该去做一个单纯的执行者。柳传志的管理思想就是，如果一把手还要鞠躬尽瘁，大大小小的事情一一过手，那这个仗就没法指挥了。

一把手专注于指挥，就要找出来有能力的人去领军，他应该去培养人才、选拔人才，找到能打仗的人，这才是他的本职工作。柳传志认为，宁可短板短一点，也不能让一把手占着位置不放人去锻炼。联想推崇发动机文化，就要让每个部门都能形成自己的驱动力，不能依靠从上到下由顶层传来驱动力。

行动指南

既要带人，脑子里还要永远看着全局。

 分配制度的作用

分配制度应该达到两个目的：一个是能够增加公司的凝聚力，另一个是能够使之变成公司前进的动力。既要看现实贡献，又要承认历史功绩，一定要克服原有体制的弊病，把这个问题解决好。还有奖惩，奖什么，惩什么，都要有硬指标，不能靠批评，不能来软的，要使大家非常明确地认识到：奖就是荣誉，惩就是耻辱。

——2007 年 5 月在管理大师论坛上的演讲

背景分析

柳传志是一个推崇兼顾公平和效率的人，就公平和效率的关系而言，柳传志的观点是"效率优先，兼顾公平"。这一观点接近现在和谐社会的提法，也是柳传志多年拐大弯能多次成功的内在逻辑支撑。

行动指南

兼顾公平和效率。

06月 17日 责任心、上进心和事业心

对联想的任何员工，不管是高层、中层，还是仓库保管员、前台的服务员等，都要求有责任心。没有责任心是不行的。对于中层干部，除了责任心还加了一个上进心。上进心的意思是说，你除了要负责任，还希望你要有对更大的舞台的企图心。对于核心员工，联想希望强调在"两心"以外还要加上事业心，就是说要把联想的事业当成自己的命来做，这就不是西方说的职业经理人的概念了。

——2007年5月在管理大师论坛上的演讲

背景分析

将员工分成不同的等级，用不同的要求去约束和规范员工，看上去这多少不符合人人平等的原则，但在中国这样一个追求责任和义务匹配的国度里，这种做法反而能使组织有序、高效并且稳定地运行。

柳传志认为，不管年纪大的还是年纪小的，不管是男同志还是女同志，大家都不希望被别人说不行，都希望被人说行，这就是上进心的表现。如果没有上进心，大家都做不成干部，都在混日子。联想也遇到过一些干部，遇到过一些能人，非常能干，但不好用。为什么？他们个人的利益和集体的利益很难融合，他们不是通过集体的利益来实现个人的利益，而是首先实现自己的目标和利益，然后才是集体的。这种情况下，他们只有上进心，没有事业心。联想在选择领军人物的时候，一定选择那些事业心很强的人。大家做一件事情的时候，一定要有牺牲自身利益来维护集体利益的精神，不然这个事情做不成。

行动指南

区分能级，区别对待。

如何让团队稳定

主要是两点，第一，作为创业者，你自己要真的充满信心，把你所做的事情让该知道的人都知道，再通过这些人把情绪感染、传递到基层员工；第二，企业的目标做到了以后，跟员工切身利益有什么关系，要提前把激励做得很明白。

近期目标和远期目标什么时候完成，大概需要完成哪些工作，如果你能把这些说得非常清楚，而且下边的人能够发自内心认同的话，浮躁的心态就会有很大的改变。好比政府制定的五年计划，第一年、第二年我们做哪些事，哪些做到了，哪些没做到，都能有个交代，老百姓的信心就能增强很多。对于未来更远期的事情，哪些做了，做得怎么样，哪些没做，这些要让员工心里有数。员工和骨干最怕的是事情说完了，没有落实，无声无息地就没了。

——2016年6月在君联资本企业发展研究课的现场分享

背景分析

物质激励就像是一场交易，交易结束，员工对于企业的忠诚感就消失了，领导者想要延续团队的工作使命，精神上的共鸣有时候比物质激励更重要。杰克·韦尔奇说，企业是思想观念的汇集之所，而不是提供职位的地方。

所谓思想汇集，就是所有人能够共享同样的目标，能够感染互相的激情，能够朝着这个目标共同努力。柳传志将近期目标和远期目标传递给基层员工的同时，也将公司事业心和人生成就感传递给了员工，给了这些员工在物质奖励之外，继续留下来工作的意义。这种方法也能快速筛选员工，跟公司目标一致的，愿意留下来实现长期价值的，就能留下来，跟公司目标不一致的，也会迅速认清现实，选择更合适的职业。

行动指南

让员工共享同一个目标。

产权能培养员工的事业心

什么样的体制、机制才能培养事业心？物质激励上的机制非常重要。对于核心管理层，怎么能够让他和公司的股权有关，让他真的对产权激励度感到满意，这是联想努力在做的事情。

——2007 年 5 月在管理大师论坛上的演讲

背景分析

柳传志的睿智在于他不仅是用雄心壮志来激励员工，用舞台来满足员工，更重要的是，他通过拐大弯的方式成功地解决了联想的产权问题，并制定了一套包括工资、奖金、分红和期权在内的激励制度，在机制上保证了员工的积极性，从而为打造一支铁军创造了可能。

在公司分配制度方面，柳传志认为公司的盈亏和普通员工的关系不大，主要取决于经理团队。所以普通员工的收入应该相对稳定，即便公司利润大幅增长也不应出现跳跃式的增长，当然在公司出现亏损时也不应承担多大的责任。而经理团队则不同，他们的收入应随着公司利润的增减而起伏。一个优秀的经理团队，不仅仅靠道德的纽带，不仅仅靠对事业心的要求，更重要的是有足够的利益来维系，包括高薪和良好的工作环境，当然还有股权。

行动指南

万事求根本。

06月 20日 主人心态

对大多数国有企业来说，企业所有者到底是谁，如何体现主人精神，它们并不清楚。广大员工包括骨干和主要经营者，从实质到形式都谈不上是主人，这是他们最大的问题。对国内的民营企业来说，大量有竞争力的企业家将涌现出来。但是在当前，由于对目标追求的高度等问题，决定了大多数民营企业家要充分享受资本带来的价值和权力，难以做到把企业的大把盈利分给经营活动中涌现出的业务骨干，所以他们的经营队伍中，大多数人都很难具有主人心态。

——在清华大学的演讲：《怎样做一名好总裁》

背景分析

柳传志在联想成立20周年的总结会上，提到了自己的四点贡献，其中之一就是解决了联想的产权问题，为高科技企业机制创新探索了一条路子。不过，对于联想人来说，他们更是直接的受益者。联想在20世纪90年代末的持续高速发展，与联想的股权激励带来的巨大磁场效应不无关系。

按照柳传志的设计，公司员工都可以进入职工持股委员会，并且享有股票分红权。职工持股会一共拥有香港联想35%的股份，这部分股份不同于公众股，只能在公司内部转让，不能上市，所以对于所有员工来说，更有实际意义的是分红。这样做的好处是联想的每个员工都成为联想的主人。

行动指南

让更多的人成为组织的主人。

让股权成为激励奋斗的杠杆

如果一个企业的股权最后演变成为只是年终分红的象征，就很可悲；股权只有成为激励大家奋斗的杠杆，才有意义。

——在清华大学的演讲：《怎样做一名好总裁》

背景分析

柳传志这里说的年终分红的象征，指的是联想员工人人都拥有的、由职工持股会持有的股权，而杠杆则是指真正意义上的股票期权，也就是西方常说的金手铐。

在联想的激励体系中，股票期权与职工持股会的股权具有完全不同的性质。在派发对象上，职工持股会的股权适用于全部员工，而股票期权相对有一些门槛。联想的第一次股票期权的发放对象是在联想有3年以上工龄的员工，不是每个员工都可以获取。在具体操作上，员工以派发当日股票平均价格的80%占有这些股票，在6个月之后便有权出售其中的25%，以后每年均可出售25%。获得股票之日的价格和出售价格之间的差价，就是员工的收入。如果公司股价没有上涨甚至下跌，员工就没有什么收益，但也不用付出代价。员工一旦离开公司，也就失去了期权。

行动指南

好的激励是造就好队伍的基础。

练好本领才能攻无不克

这好比1945年以后中国国内的解放战争，中国共产党在军事上能战胜国民党，一是有正确的战略，比如三大战役的策划等；二是有新式的整军运动：搞"两忆三查"，忆苦思甜，分田地等，这么一搞，队伍的劲头就出来了，觉悟就提高了。那么是否有觉悟就行了呢？还不行，得大练兵，于是组织如何打攻坚战，学习架梯子，搞爆破，有了大炮练打炮，这样下来部队成了正规军，在后来的大规模战争中起到了作用。所以战争分为两个方面，一个是如何制定战略，一个是如何使部队能打。我们办公司也一样，一是公司本身有战略，二是能将战略分解成具体的动作，队伍要能做得上去。

——1989 年夏天的内部讲话

背景分析

进行了精神激励和物质激励后，队伍的士气会得到提升，但一支队伍光靠士气是不能打胜仗的，需要培训员工怎么去做。

自从将孙宏斌拿下并送进监狱以后，柳传志开始关心队伍的建设，关心自己能否拥有一支能打仗的队伍。他知道抗日战争时期共产党最为重视的就是持久战和队伍建设问题，因而也希望能打造出一支在战略上正确，同时有战斗能力的队伍。战略上的正确无须多言，但是只有战略正确是不够的，兵能不能打仗也很关键。

行动指南

授人以渔。

06月25日 制度除了执行还要常宣传

定这个（迟到罚站）制度的时候，联想才几百名员工，今天一万多人了。这些年轻同事，有的从大学里出来，有的从社会上来，谁会把这样的制度当个事儿呢，迟到不是很平常的事情嘛。因此，必须要经常宣传，还年年有被罚的，这样一项制度才能进行下去。所以规章制度的事情，定了就要非常认真地执行并宣传。

——2007 年 5 月在大师论坛上的演讲

背景分析

社会学家郑也夫认为，严查不如严惩。查是查不过来的，不如以严惩治之。对于规模日益膨胀的组织来说，这无疑是一个有效的建议。对于有极强内部动员能力的联想来说，利用强大的内部宣传体系来加强惩罚的力度，变相拓宽严查的广度，似乎更切合实际。

不过，最有宣传力度的是柳传志自己罚站的故事。柳传志说他自己被罚了三次，其中有一次是电梯出了故障，大家都准时去开会，没有人知道他被困在电梯里，他叫了很长时间才有人把他救出来，可他照样还得罚站。

在执行制度方面，柳传志显然干得不错。他那几次迟到，也许的确是遇到了问题，也许是为了制度畅通无阻地执行下去而拿自己做示范，但这个并不重要。关键是，他这种对自己的严格要求使得制度的执行真正到位。柳传志知道，企业领袖必须以身作则遵守制度，否则他将成为破坏制度的代表。

行动指南

坚决地遵守制度并广而告之。

06月26日 天条绝不可违

公司有严格的纪律，包括不许谋取第二职业，不许吃回扣，不许收红包，不许利用工作关系谋求私利等。公司对表现优秀、作出贡献的职工给予提高奖金、提升职务、派遣出国进修等方式的奖励，对于犯错误或违反纪律的职工给予批评、扣发奖金、降职，甚至开除等处罚。由于公司的正气引导和纪律约束，锻炼和造就了一支老中青结合、纪律严明、军容整肃、团结协作、朝气蓬勃的职工队伍。

——1989 年 12 月在联想集团成立大会上的讲话：

《创办走向世界的计算机产业》

不仅是联想，世界上所有值得尊敬的公司，都有一些值得尊敬的公司规则，这些公司规则被称为"天条"。"天条"对一个公司来说，意味着公司的底线。在解决了"为谁做"和"怎么去做"的问题后，需要解决的是"哪些不能做，哪些能做"的问题。"天条"的制定可以帮助队伍形成应有的规范，使队伍受到严格的纪律约束。

行动指南

组织不论大小，都必须建立起纪律约束。

06月 27日 制度定下以后一定要做到

到今天联想形成了一项项制度，这些制度定下以后一定能做到，从20世纪90年代到现在没有虚设的情况。1990年以前，我们公司有5个年轻同事，由于不遵守公司的规章，用不合法的方式谋取个人利益，被送到司法机关，判了刑。现在，有4个人都出来了，他们出来后的第一件事都是向我们表示歉意，然后再表示感谢。为什么道歉呢？因为话都说在桌面上了，没有任何一件事情是没说清楚的。什么事情绝对不许做，应该怎么做，年年反复讲，你这么做明显是不正确的。感谢是因为什么呢？因为我们一方面要坚决地把犯错误的人送进去，另一方面又帮助他们减刑，一直减到一两年，能够让他们接受教育就行。这些人出来以后，做得都不错，有一个还成了一个比较大的企业的负责人，还有一个同事又回到我们公司工作。这就说明，定了规矩以后，就要坚决地执行。

——在清华大学的演讲:《怎样做一名好总裁》

背景分析

柳传志提到的那5个年轻同事犯事一案即孙宏斌事件，这是联想历史上的公案之一。如今，包括孙宏斌在内的几位当事人都已经重新走向社会，孙宏斌还通过法律手段完成了对当年罪名的推翻。

孙宏斌事件的处理，对联想内部的冲击不亚于"柳倪之争"，不同的是，柳倪之间的裂痕无从修复，而柳传志和孙宏斌之间最终能一笑泯恩仇。个中差别，有无制度在先至少可以作为一种对"孙宏斌"们的处理标准，更多是按制度和规矩办。

行动指南

制度定下来不执行不如不制定。

如何避免开会迟到现象？

开会迟到本来是件很小的事情，但在我们这儿要求得特别认真。因为开会的机会太多，要是总有人迟到的话，所有的事情就议不成了。所以我们就定了规矩，只要你不请假，不管多重要的事情，都不能迟到，迟到了就要罚站，罚站就一定要站一分钟。罚站的方式是把会停下来，大家看着你站一分钟，像默哀似的，让人很难受。

——2007年5月在管理大师论坛上的演讲

背景分析

关于谁是联想迟到罚站的第一人，流传着两个版本。一个版本是张祖祥，他在联想的地位很高，不仅是联想的11个创始人之一，而且还是联想最早的两个副总经理之一（另一个是柳传志，当时的总经理是王树和，一年后王树和回计算所，柳传志接任），在年龄上，也比柳传志大5岁。另一个版本是联想一位吴姓的高管，其在联想的地位虽然不如张祖祥显赫，但在计算所的时候曾经做过柳传志的上级，属于柳传志的老领导。

　　不管哪个版本，主角都是德高望重的人物，都给柳传志带来不小的压力。一个流传较广的版本里，柳传志曾上去硬着头皮说："你在这里站一分钟，我晚上到你家里站一分钟。"而另一个版本则说柳传志后来一个劲儿地道歉。不管哪个版本，都能说明柳传志作出让这位老同志真站一分钟决定时的艰难。据当时在场的人记录，当老同志站完一分钟的时候，大家心里全松了一口气。打这以后，联想开会迟到罚站的规矩就立下来了，谁迟到了，都乖乖地去站上一分钟。

行动指南

　　从小事情做起。

交接班

07月 1日 培养帅才

联想之星刚开始的时候，我还比较多地参与大方向方面的会议，后来就让他们自己谈，越谈就越上路了。永远谈不上路的人，我就换了。

人才都是这么被发现的。所以在发现人的时候，就要让他有表达的机会，再给他机会让他试着去做，看他是不是像他说的那样。也要看看，做得好的时候他会不会总结，犯了错之后会不会调整。你要给他更大的机会，甚至还要把他从这个部门调到另外一个部门，全轮换以后，他就可能变成一个帅才了。

——2015 年 3 月 19 日出席第七期 TMT 春季班开学典礼

背景分析

联想之星管理着超过 10 亿元的天使投资资金和 100 家投资组合，是联想控股三大板块之一，也是联想人才的摇篮。柳传志想培养的不仅是人才，更是帅才，他通过打造联想之星先后培养了 500 名 CEO，联想之星孵化的多家企业都成为市值超 1 亿美元的明星企业。

行动指南

给下面人表达、试错的机会，通过轮岗培养帅才。

07月 2日 支持年轻勇敢的酷小子

面对互联网大潮的到来，一是不能做鸵鸟，躲是不行的，要努力学习；二是要注意学习方法，这其中最重要的是具体问题具体分析。我可能因性格年岁使然，最终也酷不起来，但我们一定会鼓励支持一批年轻勇敢的酷小子到大潮中去当弄潮儿。这还要你和各位朋友多加帮助。

——2014 年 12 月 9 日柳传志给丁辰灵先生的回信

背景分析

科技作家丁辰灵在给柳传志的信中指出，目前的联想不够酷，没有酷文化，并且提出 90 后的年轻人有更多元化的见识，不愿意被循规蹈矩的企业文化束缚，有更酷的文化才能吸引更多的年轻人才。

柳传志并没有否认这点，他反思了联想不酷的原因。他创办企业的时代，人们办一个企业的目的是让企业持续盈利增长，让自己企业员工生活得更好。BAT 引领潮流后，马云曾经向他提过类似的酷文化，但是他始终不能理解，所以也不敢贸然强上。

但是，他并没有完全将其拒之门外，而是通过培养年轻勇敢的酷小子担当大任，通过"造小船"的方式帮助他们到大潮中去弄潮。

行动指南

柳传志谈"酷"背后其实是坦然面对跟不上时代这件事，但是他愿意支持接班人去酷一点。另外就是看不懂的东西不拒绝、不排除，鼓励新人去尝试。

07月 3日 衡量一把手的标准

一个企业，不管是互联网公司还是传统行业，无论什么时候，企业的领导人、一把手永远都是企业成败最关键的因素。衡量一把手，有这么几个方面：第一，他要给自己树立越来越高的目标，要有不停往上奔的要求。第二，要有很强的、坚韧不拔的意志。往前走的时候会摔很多跟头，会有很多波折，但要能够咬定青山不放松。第三，这条也很重要，就是学习能力。不是"学习意愿"，而是"学习能力"，要有跟得上时代的能力。当然，学习能力也包括人的胸怀、情商等。

——2014年11月24日柳传志与贾林男、林楚方等媒体人谈话

背景分析

柳传志谈论培养一把手，其实是指出了当初提拔杨元庆的考察标准，杨元庆当初负责微机事业部，敢打敢冲，敢定高目标，并且在英语这件事上表现出了强大的学习能力，这都让柳传志极为满意。

行动指南

考察一把手的三件套：高目标、意志力、学习力。

07月4日 给年轻人责和权

至于传承的方式，首先我觉得，要调动人的积极因素，把他跟企业的利益一致起来，任何企业都是一样的。我更不能理解这个说法——以前管理的东西全都不存在了，任何时候，企业管理还是要有的，只不过方法可能是完全颠覆了，但你不能把这些东西全都推翻。企业毕竟是一个组织，一个集体，组织里面总得有领头的。

我们有一个专门研究互联网的部门，里面都是年轻人。我们说我们必须投出几个什么样的公司来，然后就由他们自己判断和准备。君联资本就是他们弄的。要给他们足够的责和权，比如说投资多大的份额，让他们自己去做定夺。这个我觉得就是发动机文化，而不是上面定下来东西以后让下面严格去做。

——2014 年 11 月 24 日柳传志与创业者、投资人、学者交流

背景分析

柳传志在办君联资本的时候，不仅是给了 3500 万美元的资金，更是给了下面判断和决策的权力，与之对应的是收益和责任。柳传志深刻认识到，一个好的组织必须要有自己驱动的能力，而调动人的积极因素则是关键。

行动指南

建立发动机文化，给下面人责与权就是给下面人动力。

07月
5日 让老园丁有股份

　　原来联想属于国有企业，进行了股份制改造后，联想实现了股权多元化，同时也给予了创业者和管理者一定的股份。这就像苹果园的园丁，既然原来的园丁有了股份，就愿意选更好的新园丁来接着种。到摘完果子的时候，新园丁会送苹果到老园丁家里去，老园丁就不需要一直亲自种植。这个简单的道理说明了机制的改造很重要，它让原来的创业者愿意退下去。现在，一线的工作都是联想的年轻一辈在做，做得非常成功。跟我一起创业的十几个人都是搞技术出身，知识面不够宽。如果一直做下去的话，肯定做不到现在这么好。我们之所以愿意退，同时也是看到年轻人完全有接班的能力。今天，退下来的创业者都很高兴，生活得很愉快，原因是年轻人上去以后，他们的利益有保证。所以，机制的保证非常关键。

——2003 年 2 月接受《财富》杂志中文版的采访

背景分析

　　在解决孙宏斌事件之后，联想面对权力真空带，重新回到创业元老支撑江山的局面。这让柳传志感触很多，"这些老同志对市场经济的理解并不深刻，他们多是工程技术的专业背景，但是他们绝大多数人在关键时候能把企业利益放在第一位"。在后来相当长的一段时间内，渐进与渐退成为联想新老交替的主旋律。柳传志在这一过程中特别强调一个原则："在不影响企业发展的前提下，老同志稳步退出。"

　　联想在解决创业元老退下来的问题上堪称榜样。柳传志自己认为，"各方基本满意，我也是心安的"。关于解决元老问题，柳传志把握着两个非常重要的原则：一是将企业利益放在第一位，不循人情而态度坚决，该退则退；二是合理评价元老们的功劳，较好保障元老们的利益。

　　不近人情近人事，一道硬杠杠，一把降落伞，是柳传志的策略。柳传志坦言："当企业发展需要老同志往下退的时候，我是很坚决的。很多谈话时的情景的确让人心软，但不能因为老同志需要工作，就让他继续工作，不近人情这一点很重要。联想很多曾经担任重要职务的老同志，退下来时都不到60岁。但一定要在物质上对他们的将来有较好的保证。现在联想给他们提供了红利分配，以前担任副总裁的人的收入远大于他们退休前的。"

行动指南

不近人情近人事。

07月 8日 这样的年轻人我欣赏

求实是我很看重的，说话做事要实际，再接下来是创新。

——2006年11月接受《东方企业家》杂志的采访

背景分析

柳传志在另外一个场合谈到了对未来接班人的要求：学习能力——对未来的眼光；忠诚度——对联想的责任；心胸开阔——吸纳人才和容纳人才的胸怀；身体健壮——不仅是你自己，还有你的团队实力；跑得快——在未来同行业的竞争中要有一流的能力。

而在《对话》节目中，柳传志提到接班人需要具备以下条件：第一要把联想的事业当成自己的使命；第二要求实；第三步子要大一点；第四要善于吸收更多的优秀人才；第五要注意身体，晚上能睡得着觉。

看看，是不是大同小异？

行动指南

做一个值得信赖的人，一个不断成长的人，一个持续创新的人。

07月
9日 赛马中识别千里马

　　我们对人才采取在赛马中相马的策略，这包含三方面的含义：要有跑道，即为人才提供合适的岗位；要有跑道的划分，不能乱哄哄地挤作一团，必须引导他们有序地竞争；要制定比赛规则，即建立起一套较为科学的绩效考核和奖惩评估体系。

　　企业的人才培养是一个动态的过程，是一个实践到认识到再实践到再认识的进程。最好的认识人才和培养人才的方法就是让他去做事。只有在赛马中才能识别好马，才能发现千里马。

——陈惠湘，《联想为什么》，北京大学出版社，1997 年版。

背景分析

　　从 1990 年起，关于年轻人的任用问题，柳传志遇到了相当大的阻力：一方面是老资格的联想人当时的年龄还允许他们担任要职；另一方面当时联想的年轻人中也出现过不堪重用的情况。不过，柳传志信奉人才是在实践中成长的道理，不给年轻人实践的机会，他们断然没有成长的机会。也正是在这种赛马中相马的氛围里，联想涌现出一批又一批的精英。

行动指南

　　实践是最好的老师。

07_月
10_日 给年轻人舞台

在联想，我的副手或者是子公司的领导应该说都是有特殊追求的人，仅仅用物质激励肯定是不够的，精神激励极其重要。而这个精神激励主要是给他们一个足够宽广的舞台。具体的做法就是，当我们把总公司的战略制定下来以后，对各个子公司或对某一个职能目标，明确说出团队的目标是什么、责任是什么。和团队成员讨论，要实现这个目标，你们将有什么样的权力；做好了会得到什么奖励，做得不好会受到什么惩罚。责权利非常明确，然后就把这个东西交给他们。而不是说，我们总部把目标定下来以后，对子公司具体怎么做定了非常详细的条款，叫他们按照这个去做。

——2007年5月在管理大师论坛上的演讲

背景分析

关于接班人制度，以IBM接班人计划最为完善，它有一个形象的名字："长板凳计划。""长板凳计划"一词，最早起源于美国：在举行棒球比赛时，棒球场旁边往往放着一条长板凳，上面坐着很多替补球员。每当比赛要换人时，长板凳上的第一个人就上场，而长板凳上原来的第二个人则坐到第一个位置上去，刚刚换下来的人则坐到最后一个位置上去。这种现象与IBM的接班人计划非常相似，IBM的"长板凳计划"由此得名。

IBM要求主管级以上员工将培养手下员工作为自己业绩的一部分。每个主管级以上员工在上任伊始，都有一个硬性目标：确定自己的职位在一两年内由谁接任；三四年内谁来接；甚至你突然离开了，谁可以接替你，以此发掘出一批有才能的人。IBM有意让他们知道公司发现了他们并重视他们的价值，然后为他们提供指导和各种各样的丰富经历，使他们有能力承担更高的职责。相反，如果你培养不出你的接班人，你就一直待在这个位置上好了。因为这是一个水涨船高的过程，你手下的人好，你才会更好。

与"长板凳计划"相比，联想的"在赛马中相马"多少也有异曲同工的地方，都强调给年轻人以舞台。

珍惜来之不易的舞台。

07月 11日 同步的前提下自由发挥

我们的意思就是把舞台给了你，目标制定以后，由你们自己去创造。当然在做以前，有人会把这个方案向总部汇报，以保持同步。但是这个事情具体怎么做，是由子公司的负责人或者部门的负责人和他的团队进行设计的。可以想象，主动做事情的成就感和被上面的具体指令"要求做"的被动，会给一个有能力的人带来完全不同的感觉。

——2007 年 5 月在管理大师论坛上的演讲

背景分析

"要我做"和"我要做"，看上去差不多，但实际上差很多。联想通过提供舞台的方式，逐步让年轻人走到前台。

在给予年轻人发挥才干的舞台的同时，联想强调了同步性，以避免联想以往曾经出现过的划小船的情况。联想为了加强同步给舞台的组织保证，后期逐步将大船结构改为舰队模式。

行动指南

变"要我做"为"我要做"。

07月 12日　领军人物要具备事业心

上进心的意思是说，除了你要负的责任以外，还希望你有在更大的舞台上施展的野心，要管更多的事，想挣更多的钱。只有这样，放在干部这个位置上，我们才觉得合适。因为这样的话，你就会努力去进取，你就真的能够成为发动机。这一点跟西方的企业可能没有什么不同，关键是第三"心"（事业心），就是到了核心位置的几个核心员工，我们希望强调要在加上那两个"心"以外，再加上事业心。这个事业心，我们自己定下的含义是，你要把联想的事业当成自己的事业来做。

——2007 年 5 月在管理大师论坛上的演讲

背景分析

联想推崇"三心"：对一般员工要求责任心，对中层干部要求上进心，对核心高级管理成员要求事业心。

除了要求高管要有一种主人翁意识，联想还有一些其他方式来对高管进行激励。中国的许多国有企业面临一个特殊的难题——它们无法给高级管理人员分配股份。联想采取了一种不同寻常的方式：改革所有权结构，让联想变成了一家合资企业，这样就可以给所有的经理班子成员分配股份。另外，高级经理需要得到承认，所以联想为他们提供与媒体讲话的机会。这些做法使得联想的高管队伍异常稳定，也为联想的接班人选拔提供了坚实的基础。

行动指南

问自己，你具备事业心吗？

07月 15日 领军人物就是这个1

1000 这个数字，前面的 1 是权数，它后面带一个 0 就是 10，带两个 0 就是 100，带三个 0 就是 1000。领军人物就是这个 1，这个 1 十分关键，如果它也是 0，那么整个数就是 0，什么也做不了。所以说，前面这个 1 很重要。对做人来说，就是为人要正。

——在 1999 年联想誓师大会上的讲话：《把压力转换为动力》

背景分析

"一头狮子带领一群羊，可以打败一只羊带领的一群狮子。"拿破仑的这句名言意在说明领军人物的重要性。

对于领军人物，柳传志不仅仅强调才，更强调德，他所说的"为人要正"就属于德的范畴。

"千军易得，一将难求。"领军人物就是能带领队伍不断取得胜利的将，是决定队伍战斗力的关键因子。

行动指南

成为 1，不要成为 0。

07月 16日 从缝鞋垫到做西服

培养一个战略型人才和培养一个优秀的裁缝有相同的道理，不能一开始就给他一块上等毛料做西服，而是应该让他从缝鞋垫做起。鞋垫做好了再做短裤，然后再做长裤、衬衣，最后才是做西装。不能拔苗助长，操之过急。

——2007 年 5 月在管理大师论坛上的演讲

背景分析

柳传志的这段话更多是针对内部培养领军人物来说的，即你要想当好裁缝，想做出成套的和国际接轨的好西服，就要从做鞋垫开始，慢慢再做衬衫，最后才是做西服。意思是需要循序渐进，逐步地加重任务、加大舞台。这一理论即便是在之后引入赵令欢这样的海归后，也没有太多的变化，只是做了一些符合实际情况的微调：即让空降部队不是从做鞋垫开始做起，而是从做衬衫做起。

行动指南

循序渐进，罗马不是一天建成的。

07月 17日 职业经理人不适合做接班人

职业经理人就是说，你努力地工作，拿到合适的报酬。另外一家公司合适，你就到那儿去寻找合适的位置。我们这儿从机制和文化，要求你把这个企业当事业来做……公司用什么样的方式，到现在，还不能得出出发就真的很成功的结论。我们希望把联想这个事业一代一代传下去。对于民营企业、家族企业，你说它这里不好，那里不好，但有一点特殊的好，就是它的事业是能往下传的。鲁冠球家的事业传给他儿子，儿子就会兢兢业业地做。有很多企业，第一代人做了以后，第二代人就做不下去了。

——2007 年 5 月在管理大师论坛上的演讲

背景分析

选择经理人做接班人，最典型的例子是宏碁施振荣与刘英武的故事。为了更好地推动国际化，宏碁请来了在 IBM 担任高管的刘英武担任 CEO。不过，这是一个以失败告终的故事，最后施振荣不得不重新出山，收拾残局。

随着国际化的推进，联想集团开始任用一些其他跨国公司的职业经理人来进行管理。看上去，这与联想不用经理人的说法有冲突。其实不然，柳传志说的不用职业经理人是有确指的，主要是指领军人物。以联想集团为例，虽然任命的是洋 CEO，但董事长还是由杨元庆担任，并不是完全意义上的职业经理人导向，这就从组织上保证了事业能持续下去。

行动指南

寻求有事业心的伙伴。

07月 18日 当主人都会睡不着觉

他们共同的优点，除了人正派和事业心强之外，还有非常聪明。但三个人加上杨元庆和郭为，都得了一样的毛病——晚上睡不好觉。过去睡觉非常好的人到了这个位子上，如果有事业心都会有这个感觉。

——2005 年 7 月接受《对话》节目的采访

背景分析

商界流行这么一句话：哪一天你的手下睡不着觉了，那就离你睡着觉不远了。这句话虽然是玩笑，但多少说明了一些问题，那就是下属中有人主动分忧了，管理者才能放心。至少从媒体报道来说，柳传志已经进入每天能睡着觉，定期能抽空打高尔夫的状态，已经是个快乐的老人了。

行动指南

先分忧，后无忧。

07月 19日 导演和制片人

电影制片人应该做的事有四件：第一是预决算的审批；第二是战略方向的选择；第三是对总裁和高级副总裁的任命和考核；第四是重大的兼并、收购等涉及股权方面的事情。

最早的时候我只是想做制片人和演员，制片人就做像刚才说的四件事情，演员就做制片人和导演让做的事情，现在又添了一项就是做顾问。有些事需要我提出意见和建议，或者去做一些深入的调查等。我也高兴来承接这些事。前面的这些事，我觉得重要的不是我做了什么，而是我把这些事的头绪理得比较清楚，我认为这很重要。

——2001 年 12 月接受《北京青年报》的采访

背景分析

柳传志的这段话主要是在讲董事长与 CEO 之间的关系。他把这种关系比作制片人和导演之间的关系，不仅准确，而且传神。"制片人说"也成为柳传志语录中的新词条。

在完成交班后，柳传志喜欢把自己定位成一个弱势的董事长，更多地采取一种观望的态度辅佐 CEO 进行决策。

行动指南

明确自己的角色定位。

07月 22日 从指令型到参与型

指令型就是上面怎么说，你就怎么做。我刚开始办公司的时候，由于我的同事都是从研究所出来的研究人员，他们可能对市场、对很多事情的了解真的不如我，虽然我也不怎么样，但是在那个时候，我觉得比他们强一些，而且科学院有一种讨论没完没了的文化。所以那时候我怎么说，你就怎么做，是一种典型的指令型的方式。

参与型与指令型相比，指令型是上级制定战略和战术步骤，征求执行者意见，由下级执行；参与型是上级说清目的和意图，由下级自己制定战略和推进，上级提供意见。指令型当然一切由上级决定，下级坚决执行。采取哪一种工作方法主要取决于上级管理的范围大小和下级员工的素质，管理的范围越大，员工的素质越高就越趋于参与型，否则就是指令型。

——2007 年 5 月在管理大师论坛上的演讲

背景分析

柳传志曾经多次讲述当年的决策场景，基本等于鸡同鸭讲，十分痛苦。这也怪不得当初的创业者，毕竟他们之前在科研机构里待着，对市场的认识、与外界的互动都不够。在这种情况下，柳传志只有采取指令型的方式开展工作。而随着高素质年轻人的成长，柳传志开始尝试参与型的领导方式。

参与型的领导方式不仅要做成事情，而且要把培养人放在很重要的位置；参与型的领导方式是联想培养领军人物的重要方式。联想最高管理层的工作方式由最早的指令型过渡到参与型，是联想人才辈出的一个重要原因。

行动指南

让更多人参与决策。

07月
23日　因人设事

传统意义上的"因人设事"多含贬义，我是怎么理解的呢？人不到位，绝对不动，再热闹的行业也不进。我觉得我挺对。赵令欢正式加入联想控股是 2003 年年初，那之前的半年，我和朱立南合计好了，在风险投资之外再开辟一个战场做并购投资，但一直苦于没有合适人选。因人设事是我进入投资领域后更强烈的感觉，不是什么坏事。

——2005 年 7 月接受《中国经营报》的采访

背景分析

传统意义上的"因人设事"多含贬义，但为什么柳传志的"因人设事"却屡屡成功？这种传统理论和现实之间的反差在于，柳传志的"因人设事"的这个"人"多为能决定事情成败的人，属于资本和战略层面的人。

而传统意义上的"因人设事"，多与以往的国企有关，系指纯粹从安置干部角度出发凭空开设无价值的机构、职位和工作。因人设事、因人整事，助长官僚主义，导致人与事扭曲、偏转。这是人们对"因人设事"比较一致性的看法和评说。因此，"因人设事"已成为政府机关、企业人事安排的一大禁忌。这里说的"人"与柳传志提到的能成事的"人"有着本质的、巨大的差别。

行动指南

成为战略性人才。

07月
24日 接班人要承前启后

　　私营公司的老板喜欢有能力的人才的主要原因是——这种人能给他赚钱，有这一条就够了。而国有企业的老板除了这一条以外，希望在感情上要有配合。谁也不愿找个接班人，能把事做大，但和前任关系不好。开句玩笑，找对象如果对方很漂亮（相当于能力强）但不爱我，那又有什么用？

　　这个"德"包括了几部分内容：首先是要忠诚于联想的事业，也就是说个人利益完全服从于联想的利益。公开地讲，主要就是这一条。不公开地讲，还有一条就是能实心实意地对待前面的开拓者们——我认为这也是一种"德"。在纯粹的商品社会，企业的创业者们把事业做大以后，交下班去应该得到一份从物质到精神上的回报；而在我们的社会中，由于机制的不同不一定能保证这一点。这就使得老一辈的人把权力抓得牢牢的，宁可耽误了事情也不愿意交班。我的责任就是让老同志平和地交班，但要保证他们的利益。另一方面，从对人的多方考核上造就一批骨干，再从中选择经得住考验的人做领导核心。

——1996 年柳传志给杨元庆的一封信

背景分析

　　柳传志在写这封信的几天前，狠狠地批评了杨元庆，批评他在工作中不讲方式方法。那一年，柳传志授予杨元庆领衔的联想微机事业部足够的权限，并把原来由 4 位副总裁分管的，与微机有关的采购、财务、销售、支持等权力收归杨元庆 1 个人所有。大权在握、志得意满，做事情追求完美，希望尽快实施自己想法的杨元庆不免与公司的一些元老发生冲突，于是有了这封谈心意味极浓的信。

行动指南

业绩是硬道理，但不是全部。

07月
25日 轮岗是培养接班人的好方式

管理人员到了一定位置以后，岗位要进行轮换。为什么要进行轮换呢？因为这实际上是体现学习能力的一个很好的方式。在一个部门做得好，还能充分研究为什么做得好；换了一个部门，还能做得好，还能讲出道理；再换一个部门依然如此的话，这个人就可以升了，可以承担更重要的工作。如果不是这样，仅仅在一个部门做得很好就往上走，这里面就有偶然性。所以轮岗是一种非常重要的形式。

——2003 年 8 月在"入模子"培训班上的讲话

背景分析

柳传志对郭为的偏爱众所周知，不然，也不会出现联想那次著名的分拆。2007 年 9 月，郭为从联想控股手中增持近 10% 股份一事更是柳传志偏爱郭为的强力注脚。从这段话中，我们似乎能找到选择郭为作为接班人之一的原因所在。因为在联想历史上，郭为是公认的救火队长，12 年间换了 11 个岗位，而且每个做得都还不赖。对于这样一个能经受考验的人才，柳传志自然会重点培养。

行动指南

敢于尝试新的岗位、新的工作，丰富自己的经历。

07月 26日 让杨元庆成为联想集团真正的主人

　　我最近有一个重要动作：以杨元庆为代表的管理层从银行贷了将近三十几个亿买了联想8%的股份，当然要打一个折给他。之所以是通过杨元庆做，这也是一个术的问题。你要一说是全体管理层要做，又要董事会通过。我也很看好联想的股票，你要到董事会一研究，这事就麻烦了，这事谁分多少完全由他们来考虑，而且我们要求员工自己借钱买。现在CEO借钱，我卖给他跟谁都没有关系，然后他怎么考虑是另外一回事。我们认为杨元庆和他的团队真懂这个行业，能把它做好。现在除了做好的意愿，他从根基上是主人了，最起码要还钱了，这个压力多大呀，这个事是我们董事会要做的。

　　　　　　　　——2011年10月柳传志在中欧商学院毕业典礼上的演讲

背景分析

　　不仅仅是杨元庆成为联想集团的单一个人大股东，在柳传志的支持下，郭为也成为神州数码的大股东之一。柳传志认定，一个企业没有真正的主人是不行的，主人未必一定有很多的股份，但得有，这样才能和企业绑在一起。

行动指南

　　建立利益共享机制。

07月 29日 有平台就有班可交

第一，从组织架构上讲我不是用事业部的方式，是用了子公司的方式。子公司的方式有什么好处？让有能力的人充分感到那是他的舞台。第二，组织架构为谁呢？为人设立，做这件事的人选得对不对极其重要，你要有这个能力选对人，从德才。然后给他一个平台，你要让他感到做好以后，无论物质上还是精神上，这里都是他的舞台。

——2011年10月柳传志在中欧商学院毕业典礼上的演讲

背景分析

柳传志在回答"联想控股旗下的融科智地为什么也有声有色"的时候做了上述回答。他还举了一个具体的例子：融科智地在一开始做房地产的时候，公司给了他们20亿元，这20亿元本来是可以作为资本金投入的，但我们只注册了2亿，其他用贷款方式给予。为什么这么做呢？主要是将来公司做大上市以后他们员工买股票的时候，按原始价格买比较便宜，让他们明确有百分之多少的股份，这个感觉很不一样。刚才说组织架构、选对人、给舞台，另外再加上联想对品牌的管理，这些因素共同促成了成功。

行动指南

让有能力的人充分感到那是他的舞台。

企业文化

 文化差异

　　并购中有三大风险，第一个风险是品牌的风险，ThinkPad 在美国人手里是 ThinkPad，到中国股东手里还是这个牌子吗？第二个是员工流失的风险，人家本来在 IBM 工作很自豪，被收购后中国股东人手里之后还会像 IBM 那样对待他们的员工吗？第三大风险是文化的风险，中国人、美国人、欧洲人，合在一起怎么干活，谁听谁的呢？这个风险确实在我们后来的工作中体会得越来越深，到了 2008 年金融危机出现的时候，联想出现了第一次大亏损。那个时候，我又重返联想集团的队伍，来了一回杨柳配，从组织架构上，从董事会的结构上，作了彻底的调整。把联想的企业文化也作了彻底的调整。最后的结果，是后来确定了联想在世界 PC 市场上的王者地位。

——2018 年 2 月 13 日柳传志在联想 2018 春节联欢会的演讲

柳传志冒着巨大风险支持联想并购了 IBM 的个人 PC 之后，很快就意识到了文化差异可能带来品牌和员工流失的风险，但是这背后最根本的还是文化差异的风险。用户的信任度、员工的荣誉感、员工的留存，这些都对企业文化管理提出了挑战。

2019 年柳传志在天津举办的第三届世界智能大会上的演讲《智能科技大有可为》中也提出了，联想之所以能够常年位居全球 PC 市场第一，秘密就是文化和科技。

行动指南

在跨国并购过程中要重视文化差异，做好文化调整，让国外员工也能适应。

 吃着碗里瞧着锅里

如果不准备锅里的饭，不往前赶，这个企业就是温水煮青蛙，肯定没有前途；但是如果还没有吃好碗里的饭，就没有能力去吃锅里的饭。联想集团不断地遇到挑战，也不断地有挫败，但是我们凭借一个好的文化基础，打不乱、打不跑，然后复盘自省，就能制定出新的战略。

——2019 年 5 月 17 日参加天津第三届世界智能大会

背景分析

柳传志提的 "吃着碗里的瞧着锅里的"，其核心意思就是企业家要有远见、有规划。此处 "碗里的" 指的是联想的智能制造，具体来说就是联想对研究开发、供应链管理、生产制造、市场营销、售后服务等环节的智能化改造，通过引入互联网，提升管理生产效率，提高服务质量。

此处 "锅里的" 是指，联想要把自己的经验和技术推广到更多的投资企业和制造场景，曾经有一种说法，联想投资就是联想复制，把自己通过实践获得的经验和技术推广到160多家投资企业当中。

行动指南

要不满足，不断前进，不断自省。

08_月 看重声誉
3日

我对自己的名誉和公司的声誉，从公司开办伊始，就特别在意。声誉这件事，如果一开始的时候不注意，后面再注意就来不及了。一方面我们要注意积累资金，但这个资金的来源如果影响声誉是不行的，不义之财不能挣。1986年前后，由于联想当时没有代理资质，公司曾从国外转手卖出过一台工作站，这台工作站卖出后出了问题，无法退货。后来在一次展会上，公司高层遇到这位买家，我们主动把卖工作站的钱退还给对方并诚意道歉。

我看重的声誉是什么？不是富有、光宗耀祖，而是一个人要有担当、敢负责。今天，联想整体还是这个风格，大家也能感受到。联想控股做投资，不会去做损人利己的事情，总体上，联想积累的价值观，是我内心想要的。

——2019年4月10日参加"柳总邀你走心茶话"活动

背景分析

经历过贫困和艰苦创业的柳传志深刻明白声誉的重要性，早在中科院时期，柳传志就因为重视与朋友和同事的交往获得了很高的声誉，这也为他后来搭建创业班底打下了基础。

柳传志重视声誉也深刻影响了联想的企业文化，这对于联想后来的民族品牌形象塑造也起到了关键作用。

行动指南

为了声誉要敢于承担责任，维护声誉就是维护隐形资产。

 从利益开始建立信任

我觉得企业跟企业的交往、人和人的交往大都是从利益开始的，起初是有具体事情互相帮助。这过程中建立了信任，再往下越做越多。到后来，就有了真正的感情交往。

要有大是大非的判断，之后在不损害自己企业根本的前提下，有些该帮的人就帮。

做人首先有诚信，然后你又有担当，人家就会承认你。

我有一个习惯，约好了五点钟碰头，到四点半的时候估计有可能到不了，我一定向对方提前打招呼，说我可能要迟到五分钟，其实可能我提前到了。但是我发现很多人，说"快到了，快到了"，其实还没出门呢。这样的人接触几回，慢慢地人家就不信他了。

——2014年4月10日参加"柳总邀你走心茶话"第二季活动

背景分析

这段话是柳传志关于"怎样理解江湖义气，什么样的朋友可交？"这个问题的回答，他认为利益是人与人、公司与公司之间建立联系的原因，但是不能是结果。要想交到真正的朋友应该在不损害自己企业的前提下能帮就帮，互相帮助对于建立长远信任非常重要。

行动指南

从利益建立交往，从感情建立关系，从担当建立信任。

规章不到的地方靠文化

在带队伍中非常重要的是文化。带队伍要做三件事情：第一要让自己的战士爱打仗，第二要会打仗，第三要作战有序，而文化是贯穿在这三条里的。就好比打排球一样，每次球落下来的时候都会有相应位置的人去接，但球随时都有可能落到空白地带，这时便会有两个人同时去抢。没有规章的时候是文化在指导人们做事情。在规章规定不到的地方，文化起着至关重要的作用。把百年老店的基业一代代传下去，要靠我们的文化。同时，文化也是形成联想核心竞争力的基础。

——在 2002 年 10 月号《联想》内刊上的讲话

背景分析

柳传志曾经用打排球的比喻说明了很多问题，这一次则主要是强调文化的生命力。与这种提法对应的是联想的做事三原则：如果有规定，坚决按规定办；如果规定有不合理之处，先按规定办并及时提出修改意见；如果没有规定，在请示的同时按照联想文化的价值标准办并建议制定相应的规则。

很显然，文化这个武器是柳传志防止带队伍过程中出现相互推诿的润滑剂。

行动指南

用文化做制度的缓冲区。

企业文化是无声的命令

企业文化是企业中非常重要的一部分。企业文化实际上就是规章制度不能包括的那一部分，可以比作无声的命令，融化在员工发展的目标之中，融合到企业发展的目标之中。就是说，企业是个模子，你来了以后，必须融到我们企业的模子当中。国外的先进东西可以使我们的模子有所改动，但你不能不融入我们的企业文化中来。

——迟宇宙，《联想局》，中国广播电视出版社，2005 年版。

背景分析

模子到底是什么？柳传志对于这个形象的比喻曾给出不同的解释。在一次讲话中，他说模子是一系列的规范、制度，给出的解释接近企业文化的范畴。不过，这并不影响联想人对模子的认识，那就是应该遵守的规矩、准则、做事的原则等约定俗成的条例。

柳传志对"入模子"格外看重，并成立了专门的管理学院，在各子公司也有文化培训部或在人力资源部设立专职人员。"入模子"培训地点一般都安排在山清水秀的郊外。不过，公司并不是请大家去玩的，而是进行类似军训的全天候培训：从高唱联想之歌开始每一天的课程。一般来说，课程从最基本的素质培养开始，诸如团队精神、自信精神，然后是重头戏——进入学习联想部分，包括联想的历史、发展道路、使命和愿景、成功经验等。培训的过程中还会参观联想的工厂、卖场，了解公司现有的管理模式、薪酬体系等。

行动指南

重视文化对组织的影响。

08月 7日 求实进取，以人为本

　　我们现在在联想控股这儿把自己的这个文化定成了八个字，我认为是坚决不能动的。一个就是"求实进取"，我们把"求实"放在一个非常高的高度，为什么呢？因为在中国现在这个情况下，求实是一件很困难的事情。许多人在过去的讨论会等场合，说话时会违心，不敢说真话，长期下来形成了习惯，还有下级看着上级的脸色，说空话等。在这种情况下，我们要改变这种习惯是件很不容易的事。所以求实要真能做到，很不容易。求实是企业自己对自己说的，诚信是自己对人家说的，我们把诚信包含在"求实"里边。"进取"当然也是，创新进取，要不然企业还有什么活力呢？还有"以人为本"，就是后边的四个字，也是坚决不能动的。

——在 2002 年 10 月号《联想》内刊上的讲话

背景分析

　　企业文化一般离不开"以人为本"这四个字。早在古希腊，普罗塔哥拉就提出"人是万物的尺度"。

　　"求实进取"这四个字中，求实更多是一种行为方式，进取则是追求一种伟大的理想，把企业做大、做长久，把企业当作事业去做。柳传志提的进取是超越个人需要的一种追求，进取除了超越个人需要的内涵之外，还是一种责任边界，就是做企业、做事不能光对个人负责，还要对一群人负责。柳传志认为责任边界有三种：第一种是对自己负责，第二种是对个人、对家庭负责，第三种是对个人、家庭、企业、社会负责。他认为自己属于第三类人。正是这种进取精神使联想在做企业的时候会追求长远，追求基业长青，作决策会看得比较远。联想提出"百年联想"很符合它的价值观。

行动指南

　　人是组织中最宝贵的财富。

诚信求实打造铮铮铁骨

联想企业文化的核心内涵是"求实进取，以人为本"。"求实"尤为重要。联想的"求实"包含两层意思，一是诚信，一是求实。一个人对其他人的承诺叫"诚信"，对自己说的话负责叫"求实"。比如县里面各个镇的镇长若虚报经营数字，那叫不求实，但这不属于对领导不诚信的问题。在联想的年度预算中，在向上级领导、大股东汇报时，我们会明确说明下年的营业额将会有多少，利润会有多少等，上级领导一定特别相信。为什么呢？因为每次报的数据只会比来年的实际数据低，不会超出。这也体现了联想人都把"说话算话"放在特别突出的高度对待，不许自己骗自己。

——在中欧国际商学院 2002 年北京班开学典礼上的讲话

背景分析

联想的企业文化在"以人为本"的基础上强调求实，这有很明显的柳传志印记。求实就是追求真正的利益。企业的方向性决策本质上是利益的选择。什么是对企业有利的，什么是对企业不利的，要追逐的利益就构成了企业的方向。柳传志的决策是很务实的，知道每个决策的结果是要满足利益，这就是"求实"价值观的内涵所在。对于"什么是利益、什么不是利益"，柳传志反复地讨论和研究，最后选择一个真正有利于企业的事。

行动指南

倡导求实文化。

说到做到

我们靠说到做到赢得了大股东——中科院领导的信任，才有了今天让经营者充分施展的舞台；我们的领导班子靠说到做到赢得了广大员工的信任，才造就了今天这支拖不垮打不烂的坚强队伍；我们的企业靠说到做到赢得了广大用户和合作者的信任，才有了今天的市场份额和继续上进的基础。

——在中欧国际商学院2002年北京班开学典礼上的讲话

背景分析

在2000年5月联想分拆的誓师大会上，大厅里悬挂着的公司执行委员会拟定的最新誓词十分醒目："主动应变是我们永恒的主题，说到做到是我们不变的承诺。"由此可见，说到做到精神在联想文化中崇高的地位。联想常务副总裁赵令欢回忆起柳传志给他留下深刻印象的一句话："令欢，咱们把规矩说清楚，一定要说到做到，这样我才能信你。"

柳传志要求联想人要说到做到，这一方面是因为其求实的工作作风使然，另一方面，说到做到让柳传志受益多多。当年，柳传志与香港商人吕谭平合作时，吕谭平觉得他说到做到，值得信任，最终吕谭平关掉了自己的导远公司，一起成立了香港联想。

行动指南

做不到，不如不说。

弘扬进取精神

　　企业在发展之中要想长期活下去，有很多问题要拼命去解决。当方向定下来之后要不顾一切去做。联想ERP前几年做的时候遇到很多困难，前面没有大企业做，我们下定决心非做不可，最后果然做出来了，这里面要克服很多困难。希望各层员工做同步发动机，不要做齿轮。企业大了之后，上面发了指令下面来做很难往前推动，因此要通过物质激励和精神激励让员工变成发动机。

——2006年7月在关于联想ERP实施成功经验分享会上的讲话

背景分析

　　ERP是Enterprise Resources Planning（企业资源计划）的缩写，是一种基于"供应链"式的管理思想。这种管理思想将客户的需求、企业内部的制造活动以及供应商的制造资源整合在一起，体现了完全按照用户需求进行制造的宗旨。这一管理思想强调企业的业务流程在规范管理中的基础作用，把它看作一个"供应链"，其中包括供应商、制造工厂、分销网络和客户等。同时，将企业内部划分成几个相互协同作业的支持子系统，对子系统的相互协同作用进行集成的监督和控制。随着ERP系统的逐步完善，"供应链"各个环节对公司有关部门的作用会变得及时可见，各个部门能共享有关信息，从而极大地提高工作效率，并有助于公司领导层进行管理控制与决策。ERP虽然有许多优点，但由于其要打乱以往的流程，建立新流程，等同于一次内部变革，因此失败率极高。

　　联想实施ERP之前，内地同规模、同行业的企业中还没有成功的典范，这使得人们不免对联想ERP工程的上马感到忧虑，不过，最终结果是联想成功地实施了ERP，靠的是联想的进取精神和内部极强的执行文化。

下定决心，排除万难。

 关系户子女通过正常手续录用后的管理

像联想这样的企业，肯定会有一些大的客户和由领导部门介绍来的人。对于这些人，联想会用考试的方式决定是否录用。他们进来以后，联想会特别注意两件事：

1. 绝对不说这个人是哪儿介绍过来的，有什么背景。为什么呢？为的是管理上的一视同仁。

2. 在这个人进来的时候，公司会和他的家里说得比较清楚，就是进来以后，对于他的升迁工作再说任何话都没有用了。这样，公司的管理才能够比较顺利地进行。

——2007年5月在管理大师论坛上的演讲

背景分析

柳传志为什么这么重视关系户子女进入联想的问题，很大程度上因为他不希望因为不可抗拒的外力影响到联想内部的管理体系。拿柳传志的话来说，联想内部没有想管却管不了的事情。在管理上，柳传志追求一视同仁。

据《资治通鉴》记载，唐太宗李世民曾总结治国五要素，其中一条是善待蛮族。古时的许多政治领袖都是大中华沙文主义，轻视蛮族，而李世民对汉人和蛮人一视同仁，所以蛮族部落非常依赖李世民。可见一视同仁对于组织的健康发展是多么重要。

行动指南

建设一视同仁的企业文化。

公司是我家

我们希望我们公司将来能形成一种日本式的管理模式，而不是英美式的。也就是希望公司能吸引每个成员，使他们热爱公司，以公司为家。

而公司呢，也能把职工当作联想家庭中的一员。

——1990 年 10 月的内部讲话：《造就一个真正的斯巴达克方阵》

背景分析

柳传志为什么强调亲情文化？这很大程度上与联想本身的历史有关系。最开始创办联想的 11 个人，都是中科院计算所的人，与柳传志均有 10 年甚至更长时间的交往，感情深厚。杨元庆、郭为等联想第二代领导者进入的时间多为 20 世纪 80 年代末 90 年代初，柳传志与他们多结下类似父子、师徒一样的情谊。

行动指南

个人情感在不滥用的前提下，是维系管理的重要因子。

没有家族的家族企业

有人评价联想是没有家族的家族企业，我说这是对公司很高的褒奖，为什么呢？因为家族企业的领导人干的是自己的事业，另外在企业里有亲情关系。它的好处在于打仗的时候有父子兵上阵，它的缺点是任人唯亲。我们则要任人唯贤，杨元庆、郭为和我都没有任何血缘关系。

——2001 年 11 月接受《北京青年报》的采访

家族企业的开创大多从一个梦想开始，到最后找到"真理"，即成功的秘密，确立家族传统。家族传统以过去的光荣历史为基础，期许将家族名声发扬光大，这也正是每个成功家族企业的灵魂。而这些真知灼见经由下一代诠释，像福音般四处传播。但家族企业最大的问题是不相信外人，更愿意由自己的家人来接替自己，这种任人唯亲的做法也成为家族企业被人诟病的地方。

柳传志的联想一方面像家族企业一样，传承着他的梦想；另一方面，任人唯贤的做法让联想不至于陷入家族企业管理中的困境。

行动指南

做一个追梦者。

没有家族的家族企业

没有家族的"家族企业"要求企业经营者从一开始就要有牺牲精神。联想控股没有特别提出过"亲情文化"，我一直特别强调把个人追求融入企业发展之中。元庆他们也曾经提过"狼性文化"，我不是很同意。在我看来，经营企业靠的是"王道"而非"霸道"。

——2001 年 11 月接受《北京青年报》的采访

背景分析

在中国，许多经营者崇尚大，崇尚"霸"，走的是"霸道"。所以中国偌大的市场广泛实践着的盈利模式其实只有产品盈利模式、规模盈利模式而没有品牌盈利模式，导致这个问题的重要原因在于，品牌被用作宣扬企业家的"霸道"了。而我们也可以看到另外一些"实现者"性格的企业家，如海尔的张瑞敏（深谙老子学说，追求"宠辱不惊"），联想的柳传志（崇尚"谋"与"行"），华为的任正非（崇尚"狼狈组织"学说），这些人具备另外的四个性格纬度：诚实、觉察、自由、信赖。

这些人崇尚"王"，走的是"王道"，"王道"承认"自我"，讲究多元，因此能够采用真正的品牌盈利模式，并且愿意尝试多种经营思路。

尊重人性，承认自我。

08月19日 企业利益优先下的亲情文化

用什么力量把大家团结在一个企业里做事？是亲情文化还是企业使命？我觉得企业目标与企业利益是第一位的，在这一原则之下，可以发展同志加朋友的情谊。我有一个朋友兼同事，早年我们关系非常要好，经常蹬着自行车一起上下班谈论国家大事，嬉笑怒骂，无话不说。他也是联想最初的11个创业者之一，我们私人关系非常好，但后来在经营企业过程中，我觉得他没有真正以企业利益为重，降职后他离开了联想。这件事也让我比较难过，但是没办法，做企业就是这样，有时候必须强调原则的刚性。早年跟随我一起创业的一些老员工，在分拆后过渡到联想集团工作，一段时间后被迫离开。他们在联想发展过程中有过功劳，但可能不大适应新的领导集体。这些事情我没有干预，但心里确实不舒服。

——2001年11月接受《北京青年报》的采访

背景分析

柳传志在这段讲话中修正了关于亲情文化的论述，或者说给亲情文化加了一个前缀，那就是企业目标和企业利益是第一位的。或者可以这么理解，联想是柳传志的命，怎么讲亲情都可以，但不能触及联想的整体利益这个底线。

行动指南

企业目标和企业利益永远是第一位的。

 形成统一的管理理论

在我看来，办好企业有点像爬珠穆朗玛峰，目标是爬到山顶。不管是从北坡上，还是从南坡上，能让人爬到山顶的方法就是好方法。其实这些理论大同小异，关键在于怎样去归纳它。为什么企业要有自己的理论呢？就是你的这支队伍总不能一半人从南坡上，一半人从北坡上，队伍分散是不行的。所以企业里，假如有若干个事业部，有若干个子公司，就必须要有共同的管理语言。

无论企业做得好，还是做得不好，都要有对得上的语言以方便经验的交流，于是，就要有自己的一套管理理念。这也就像一个放东西的柜子，大家都知道剪子、刀子这些零碎物品放在哪个抽屉里，衣服放在哪个抽屉里。这样的话，便于我们内部交流。

——2003 年 8 月在"入模子"高级培训班上的讲话

背景分析

在知识分子扎堆的公司，关于企业如何发展的争论好像从来不会停止。而联想历史上最有名的争论莫过于"技工贸"和"贸工技"的争论，这种争论的背后所发生的那段绵长跌宕的故事，一直在中国商业史上占据着特殊的地位。

很显然，这种争论对企业的发展并无太大的实际意义，特别是在具体怎么办企业，具体怎么进行管理上。很难说华为的营销模式就适合联想，联想的激励制度就适合海尔，因为背景完全不同。柳传志很显然不希望陷入无休止的有关管理理论的争论当中去，他更希望能用一套得到他认可并得到实践验证的管理理论来统一思想，或者说，这一套理论就是"柳说"。

用对方听得懂的语言进行交流。

把式论

光说不练是假把式，光练不说是傻把式，能说会练是真把式。

——陈惠湘，《联想为什么》，北京大学出版社，1997 年版。

北京有一句老话，叫作"天桥的把式——光说不练"。天桥是北京南城一条有名的街道，一个世纪以前，这条街道上聚集着各种各样的杂耍艺人，有说书的、有玩小魔术的、有摔跤的、有卖狗皮膏药的，这些人并不一定身怀绝技，往往是有一些骗人的小把戏。久而久之，人们发现这些人玩的都是假把式，于是编出了那句话。

柳传志对这句话进行了延伸，他说"光说不练是假把式，光练不说是傻把式，能说会练是真把式"。他希望每一个联想人都能说能干，做真把式。能说不能干对企业没有用，能干不能说等于没本事把自己推销给别人，这样也不好。柳传志自己就属于那种能说能干的人。他的能干，联想的业绩就足可证明，而他的演讲才能众所周知。《联想为什么》的作者，联想前公关部总经理陈惠湘曾经打过一个比方：在一个上千人、嘈杂混乱的会场里，谁能用三句话使全场鸦雀无声？柳传志能。上千人的场合，谁能发表三个小时演讲还能令人全神贯注？柳传志能。

做一个能说会干的真把式。

求实前提下的学习与创新

　　公司每年都有新人来，和社会接触很多，但社会里不求实的东西又挺多。这么说，做事情脚踏实地，是很基本的要求。还有一点，学习能力要强。领导把大方向看清，但对具体战役怎么打并没有形成思路。让年轻人去做，而这些年轻人能很快上手，做得有声有色，我就会欣赏不已。

　　　　　　　　　　　　——2006 年 11 月接受《东方企业家》杂志的采访

　　背景分析

　　柳传志在回答什么样的年轻人能让他看中这一问题时作出了以上阐述。柳传志给出的答案在意料之中：求实创新。这在一段时间内甚至是联想的企业文化用语，只是后来随着诚信、进取等因素的融合，"求实创新"被"求实进取"这一有更大内涵的词代替，但就内在气质来说，并无大的变化。

　　行动指南

　　尊重向上突破的力量。

 时代在变，文化不变

　　早期我们就提倡求实进取，用这种精神来指导我们的行为。当时提出求实是因为社会风气非常浮躁，好大喜功的现象很多，这是办企业的大忌。求实是一种做事的态度，如果用求实的态度来对人，就是一种诚信了，这与我们现在提的诚信是吻合的。

　　时代变化了，有很多战略性的东西需要调整——战略路线、目标、愿景等，但文化保持的时间要长一些，比如诚信是几十年都不变的，这是最基础的东西。对于员工来说，联想文化也应该成为教年轻人如何做人的重要手段，企业承担着教人的责任。

——2002 年 10 月号《联想》内刊上的文章

背景分析

大凡世界 500 强企业，都拥有自己悠久的企业文化，这种企业文化不是简单的概念炒作，不是附庸风雅，而是融入整个企业上至领导下至普通员工中。平时，它可以增加企业凝聚力；当企业面临困境时，它能够使上下一心，不会大难来时各自飞，大家会为了心中的理想信念去努力。以飞利浦为例，它并没有像许多企业一样总是进行广告轰炸，可在人们心中，飞利浦的产品就是好，很多人根本不知道它的产品好在什么地方，但就是相信。这不能不说跟其一直宣传并坚持的信念有很大关系。

文化传承对一个国家的作用大家都知道，文化对一个企业的作用同样非常巨大。也许，每个人都有自己的经营思路，但企业一旦有了自己的文化传承，不管未来掌门人是谁，大家都会朝同一个方向迈进。

行动指南

重视文化的传承。

 研究文化在公司内部的作用

比如像我们最近在做的一件事情，就是研讨文化在联想内部起什么作用。到底什么是文化？文化是怎么起作用的？我们以后怎么去开展企业文化建设？我们拿自己的目标来制定标准，检查实施情况有没有达到我们自己预定的要求。这是一个很大的工程，大概做了将近一年，我觉得还是非常有意义的。这种检查其实是一种软任务，就是从目的角度来考核。

——2005 年 11 月接受《环球企业家》杂志的采访

企业文化管理在国内还有很多的盲区和误区：有的人将宣传企业文化当作思想政治工作；有的人将宣传企业文化当作娱乐文体活动；有的人认为企业文化就是用一些经典的词句总结企业的使命和愿景；有的人认为企业文化没有作用；有的人认为自己企业的生存问题都还没有解决，谈什么企业文化……这些都影响着企业文化建设的开展。

对企业文化的实施能否进行检查，怎么检查，是一个有着广泛争议的话题。反对者认为，企业文化是随风潜入夜的软性因子，是看不见、摸不着的，谈不上检查，更多是从细微处显真功。而柳传志采取软任务的方式，从目的角度来考核企业文化建设的做法，至少是一种有益的尝试。

行动指南

从目的角度来考核。

08月27日 想清楚再承诺

在收购 IBM 全球 PC 业务以前，联想集团实际上已经形成了一个比较完整的企业文化基础。但是之后，由于国际团队加入，一度有些混乱。混乱的原因很简单，本来就可能有文化的碰撞。因为 CEO 是职业经理人，站在职业经理人的角度来考虑怎么样建设企业文化，肯定和一个主人心态的领导人的考虑有所不同。从去年开始，联想重新进行了调整，逐渐建立起了一个比较好的企业文化，用中文表达，意思很简单——说到做到，尽心尽力。过去，经常会发生某些管理层总是完不成他预先的承诺的情况，每次的理由都是"环境又变了"。但是管理层的责任本来就是要前瞻性地看清环境，制定合适的战略。比如外汇比价变化了，本来就应该做好防范措施——CFO 怎样运作，销售团队应该做什么，就应该提前考虑好。现在的这个文化，大家对说到做到都明白，它不光是一个承诺，实际包含对能力的要求，于是一系列的工作就做得比较透彻了。

现在每次开董事会的时候，我内心都很高兴，因为拿到的东西都超过了预先的承诺。

——2010 年 7 月柳传志接受《商业价值》杂志的采访

背景分析

在 2010 年 4 月初，联想集团在全球各大区（中国、西欧、北美）开展了"文化日"启动活动，这正是文化建设工作的内容之一。在"文化日"启动活动上，联想正式向骨干员工们推出了新的文化——"联想之道"，核心是"说到做到、尽心尽力"，具体体现为行为上的 4P（Plan——想清楚再承诺，Prioritize——公司利益至上，Perform——承诺就要兑现，Practice——每一年每一天我们都在进步）。活动内容包括柳传志关于联想文化的演讲、CEO 杨元庆等高管的演讲、小组讨论、与高管的 Q&A 互动、领导力测评、逐级向下推动的流程和指南等。

为了这个活动，柳传志认真地准备了自己的发言。柳传志希望自己的发言能够向员工传递一个信息——联想做好了，员工能得到什么。对柳传志来说，怎样激励中国员工早就是轻车熟路的事情，但是如何把信息和信心准确无误地传递给跨语言、跨文化的外国员工，还是要费些心思。

最终，他准备了 5 组照片去讲中国发生的事情。第一组照片是联想在 1989 年办的养猪场。当时中国正值物价闯关时期，肉价高涨，联想就拿出 10 万元办了一个养猪场，保障员工的基本生活。第二组照片就是著名的"联想 72 家房客"。第三组照片是 2000 年联想上市之后，公司有 2000 多个员工买了车、买了房。第四组照片表现的是联想退休员工的待遇及生活情况。最后一组照片是柳传志最看重的，是联想的高管团队。"联想今天的这些高管都是自己培养的人，而不像有些国际企业，用的时候奖金特高，一旦不用立刻走人。而联想是一个注意培养人的企业，是真正以人为本的企业。"柳传志这样解读照片要传递的含义。

行动指南

尽心尽力。

以人为本也须因人而异

我们有位法国的高级员工，他就说，以人为本是很难实现的，因为不同国籍、不同目标的员工，怎么能是一致的呢？持这种怀疑态度的人不少。但我们把员工分成几种类型，最基本的类型是在企业中工作，他图的是安定、安稳，只要生活能够日益得到改善，就行了。还有一种员工，他老想着做大事，老想着进步。外国人就都很感慨，说中国人想进步的比他们多，都想赚更多的钱、管更多的事。人家普通员工加薪10%，他要20%，他要求越级升迁。对这些人怎么办？就要为他们设计适合他们的发展路径。这些人里面，可能有的人经过了很多次工作调动，已经能够独当一面了，就要给他一个新的空间、新的舞台，让他有自己在做事业的感觉。针对这几种不同的人，要有不同的做法。

——2011年10月柳传志在中欧商学院毕业典礼上的演讲

背景分析

联想集团进行国际化，在文化上存在挑战：联想的老员工有自己的文化，收购IBM的全球PC业务后加入的员工带有IBM的文化，快速扩张招募的新人又带来他们原有的文化。建设文化很难，改变文化更难。当时的联想需要明确价值观和方法论，业务系统、人力资源和管理层等都要随之改变，如此才能将文化落到实处，这不是一朝一夕的事情。柳传志所做的是先改变人们的思考方式，给他们一些统一的、不能争论的、简单却触动心灵的新东西去思考。

行动指南

求同存异。

企业文化包括价值观和方法论

企业文化，它包括两个：一个是核心价值观，核心价值观是什么意思呢？整个企业全体员工都得明白，什么事是我们需要做的，什么事是不需要做的；还有一个是方法论。

联想的价值观就是员工要把个人追求融入企业的长远发展，企业在设计目标时，要想到员工的发展，要以人为本。

联想方法论起了一个重要作用，其中有几方面的事情，第一个关于目的性。比如说做人，愿不愿意被制约其实跟人的追求有关系。很多事情做着做着就容易被过程带走了，而忘了根本的目的是什么。联想经常说好多跟目标有关的词，比如"站在画外看画"，每每做一件事退得远一点看我们为什么做这个事；还有"一眼看到底"，做这个事到底是为了什么。

——2012年6月柳传志在西安电子科技大学的讲话

背景分析

简单地说，企业文化就是做人和做事的规范和准则。不过像柳传志这样，把怎么做事情的方法论放到这么高地位的企业家不多。在柳传志看来，联想控股之后能在多行业取得国际领先地位的底气，就来自其多年来形成的方法论。

行动指南

不仅要告知什么能做什么不能做，还要告知怎么做。

以身作则是传递核心价值观的开始

　　各个企业都有自己的核心价值观，关键是怎样让员工认同核心价值观。这里面有三层：第一个是高层统一思想，就是这件事情是不是真正能构成我们企业的核心价值观；第二个是认真地宣传贯彻，比如跟业务一起去贯彻。这两点很重要，但不是最重要的，最重要的是第三点，这一条标语是我在一个美国公司的墙上看到的，话说得有点绝对，但是非常有意思："以身作则，不是劝导他人的重要途径，而是唯一途径。"就是你在一个企业里边，你真的要想宣传核心价值观、宣传你的文化的话，领导人，特别是第一把手的以身作则是最重要的一点。

　　　　　　　　　　　　　　——2012 年 6 月柳传志在西安电子科技大学的讲话

背景分析

　　以身作则是联想自 1984 年建立以来，柳传志体会最深刻的地方。柳传志认定，只要领导能够坚持以身作则，就能把价值观传递出去。柳传志喜欢跟媒体讲一个故事，说他有一次到联想集团的欧洲分部去访问，在欧洲的 200 多个管理人都是从其他国家来的，没有一个中国人，但有一个很有意思的现象：他们在讨论问题的时候经常用一个中国词汇——"复盘"。"复盘"是柳传志以身作则在联想里推行的方法论。

行动指南

　　以身作则。

CEO 成功学

 CEO 不要自己堵在枪口上

刚才讲了定战略、带队伍的很多具体步骤，那么回到领导人本身，CEO 到底应该干什么呢？

我们把企业看成一块块木板拼起的水桶，CEO 应该想的是，怎么把这个水桶的容积变得更大。首先他得知道这个水桶是由多少块木板拼成的，每块木板起什么作用。随时看着水桶应该在什么时候扩容，哪块木板短了需要修补等，而不是把自己一把塞到短板那儿堵"枪眼儿"。

很多 CEO 都容易犯这个错误，权力都拿到自己手里边，这样企业将来发展就会很难。真正关注的应该是水桶的延展性，环境如何变化，在这个变化之中，每块木板状况怎么样，现在领导这块木板的人行不行，这些才是 CEO 要不停考虑的。

——2018 年 2 月 27 日出席君联资本企业发展研究院

二期班毕业仪式

背景分析

柳传志曾经打过一个比方，河对岸有一棵苹果树，我们要搭桥或划船才能上树摘苹果，回来以后还挺得意。但其实也许我们一回头就会发现根本不用过河，岸边就有一棵树，上面苹果比我们摘的还要大。从这个故事来看，CEO 如果做了那个划船的人，他就不能看清周边的环境，不能制定更长远的战略。

柳传志认为要想做好一个 CEO，自己不应该去做最难的短板，而应该着眼于整体，关心每一块木板的质量做适当调整。

行动指南

CEO 要用更大的视野把企业做大，而不应该堵枪眼。

09月 2日 行动起来，焦虑消失

我感到焦虑的时候，就一个人静思，把自己到底在焦虑什么弄清楚。

前面我成功过，成功的原因是什么，今天我遇到的问题到底是什么，我应该怎么去试着解决这些问题。这个思想的过程，其实是自我提高的一个极为重要的过程。

我早期办公司的时候，经常给员工讲话，把公司要做什么，当前是个什么状况，我们应该做什么，讲给大家听。对外讲，是我理清思路非常重要的一环。想清楚和讲清楚还不一样，你得先理清楚事儿是怎么回事，然后再考虑怎么讲能叫人信服。

我遇到过几次大事，压力很大，有一年还直接把我压进了医院。后来连续几次这种事以后，我发现了规律：在想不清楚的时候就交流，之后拉一个方案出来，即使想得不对我先做一做，做得不对我再调，一行动起来就真的不会焦虑了。

——2018 年 2 月 27 日出席君联资本企业发展研究院

二期班毕业仪式

背景分析

　　柳传志在这段话中解释了自己早期给员工讲话的原因，对外讲清楚，其实是他理清思路的重要环节。讲清楚对于想清楚具有直接作用。与此同时，这段话也是他解决焦虑的重要法门：如果焦虑，自己就去想焦虑的原因，然后想方案解决，即使不一定正确，但只要做起来了，自己就可以随时调整，而且也消除了焦虑。

行动指南

　　静思想清楚焦虑的原因和处理办法，行动起来就没有焦虑了。

 克服自己的局限

　　我有几个大的方面的局限，一个就是我的智商。智商高是聪明，跟智慧是不一样的。智慧是经过努力的思考过后形成的东西，就是什么事一听就明白，用不着再去多想。

　　那么聪明呢？其实很大程度上要依靠记忆力。我年轻的时候还算聪明，上了年纪以后，眼睛和记忆力不如从前，看书就很慢。像马云就很聪明，听他讲话，我还是感到很震撼的，可能这是我一个很大的局限吧。

　　第二大局限应该是英文了。

　　之前我上学的时候一直学的是俄文，到了 1978 年我开始玩命地学英文，当时计算所有一个教育处办的脱产班，请了外国老师。为什么永远忘不了是 1978 年？因为那年柳青出生，冬天水特别冷，我在水龙头那一边洗尿布，一边背单词，单词记得特清楚。后来办了企业以后，我就把英文彻底丢了，这是一个很大的损失。

　　2009 年我回联想集团当董事长时，整个董事会包括管理层十几个人讨论得非常激烈。除了我以外，其他人都可以用中英双语对话，就我一个人不懂英文。如果英文好点，也许我会更自在一点。

现在我又决心把英语往回捡捡，因为它会逼着我的脑子转起来。英语强迫我记一些东西，用英语进行交流也会让我脑子更活跃。

——2014年4月10日参加"柳总邀你走心茶话"第二季活动

背景分析

柳传志早年到哈佛商学院讲课，基本上是每一句话都需要翻译帮忙，而在现在的演讲中，他已经可以自己英文演讲。尽管年龄已经很大了，但他仍然没有放弃学习，真正做到了活到老学到老。

柳传志作为中国商界教父，自然有无数高级翻译为其服务，在英文方面的应用问题事实上已经不存在了，但他仍然要坚持学习，从某种程度上来说，也是对自己弱点的挑战。

行动指南

不断学习，增长智慧，克服自己的局限。

09月 4日 拖拉机和黄牛不重要，关键是犁地种什么

说在商言商的时候，心态不踏实。那时候也没有委屈感，但就是不愿意惹麻烦，就是不愿意惹事。

因为现在我弄懂了一件事，拿拖拉机犁地还是拿黄牛犁地，对我关系都不大，关键是犁完了以后种什么，你到底是不是真种庄稼，是不是真的发展经济，这才是最根本的。中间是用什么方式，我觉得不是很重要。

有很多公知，就是那种文化人，非常注重变化中的每一个具体环节，他们叫程序正义。

程序正义固然重要，但是老实说，要没有一个民主的文化，先形成一个民主的制度，那个东西也挺可怕的。

——2017 年 11 月 1 日吴晓波采访柳传志

背景分析

柳传志在 2013 年的一句"在商言商"激起了当时部分企业家的不满，企业家王瑛后来发布了"退岛帖"，称自己不属于不谈政治企业家，也不信中国企业家跪着就能活，为了不牵连企业，他决定退出正和岛。对这件事的讨论，后来上升到了企业家是否应该承担社会责任的程度上。

柳传志很长时间都没有回应，他这段话其实是侧面阐释了自己的想法，拖拉机和黄牛的比方其实是另一种"黑猫白猫论"，在他看来，发展经济才是最根本的目标，方式和程序正义都是不能强求的东西。

行动指南

方式不重要，发展经济最重要。

强烈的自我价值实现

最初就是为了实现自我价值，（在中科院）憋得太久了，希望看自己能做得怎么样。那时重管理权而轻所有权，后来中科院实行一"院"两"制"，鼓励高科技产业化，这又成为我的理想。再后来我就想着要为民族争光（1994 年、1995 年），要打败国外企业，联想分拆后从制造业转到投资业，现在希望实现产业报国的理想。

——2006 年 12 月接受《中国企业家》杂志的采访

背景分析

1984年秋天，中科院副院长周光召在批准联想公司的前身——中科院计算所新技术发展公司成立之后，曾经与柳传志有过一次谈话。柳传志在那一天信誓旦旦地说："将来我们要做一家年产值200万元的大公司。"而公司创办一年后，也就是到1985年年底，公司已经做到营业额350万元，并有250万元的毛利。

这个故事说明，在创办之初，柳传志和他的伙伴对他们选择的这条道路并无多少认识，他们一开始只是想更多地实现自我的一些人生价值，这种人生价值最开始是狭隘的。但到后来，柳传志把这种人生价值的实现与民族振兴和国家富强联系在一起，这是一种升华。

行动指南

为了人生价值的实现全力付出。

企业家得把企业当成自己的妈

《聊斋志异》里有一个故事，讲的是有一位著名的中医叫叶天士，他看病的水平很高，但是在给他母亲看病的时候，有一味药是虎狼药，用好的话会很好，用不好会导致非常糟糕的后果。他犹豫不决，不敢用。这时候，有另外一位中医知道他的心思，就说应该用这味药，后来叶天士用这味药治好了母亲的病。这味药用好了，这个出主意的中医名扬四海；用不好，不是自己的母亲，责任风险毕竟不是那么大。

我觉得企业家是什么人呢，企业家就是把企业当成自己的妈，敢下猛药，还把药下对了，才是优秀的企业家。而经理人就像那个出主意的医生，治好病名扬千里，名利双收；治不好，责任风险也不大。

——在2003年中国企业家论坛第三届年会上的讲话

背景分析

在这个比喻中，柳传志把那位出主意的中医比作经理人，而那位给母亲看病的中医就是企业家。在柳传志看来，与经理人相比，企业家更把企业当成自己的亲人。

柳传志的这一观点影响到作为联想接班人之一的杨元庆。在一次接受记者关于怎样做经理人的采访时，1988 年才到联想的杨元庆认为自己是创业者，不是经理人。按照柳传志的逻辑，把联想当成命，志在接班的杨元庆就是创业者。

众所周知，柳传志不喜欢也不认可经理人。他的理由是，经理人在作重大决策时不免要为自己的职业声誉作考虑，成了功成名就，失败了拍屁股走人，经理人未必肯把企业当作自己的妈。这也是柳传志一直强调他的接班人、他的高管必须有事业心，必须把联想的事业当成自己的命的原因。

行动指南

培养自己的事业心。

谦和

我原来性子很急。如果说联想的退休职工看到我时还有敬畏的话，畏还是为主的。而现在的年轻人就很少看见我发火，因为有件事给了我很大刺激。1992 年、1993 年的时候，我看见也听见年轻人在说，他们之所以对部下发脾气，是觉得自己在学柳总的魄力。这件事给我留下了深刻印象，我就决定改造自己，让自己更谦和，决不把这个样子带下去。

——2006 年 11 月接受《东方企业家》杂志的采访

背景分析

在中国企业家中，柳传志的谦恭是公认的。

很多记者写柳传志的时候，都流露出一种"和他是朋友""很近"的情绪，因此，他们自觉不自觉地就站在了联想的立场和角度上。其实，真的是朋友，真的很近吗？未必如此。但为什么他们会有这种感觉？这就是柳传志非常特殊的魅力。他让实际上离他很远的人都觉得与他很近。而更重要的是，在柳传志看来，这种风格并不造作，不是装给谁看的。

负责联想控股对外公关工作的张涛，记得自己刚到公司报到的那天，就负责接待一个媒体采访团。柳传志起初误以为他也是记者，弄清楚他是新进员工后，特地越过一排排记者亲自走到他面前，热情地握手致意欢迎他加入联想。此一情景令张涛毕生难忘，以柳传志的身份地位，大可不必如此欢迎一位小职员。他的亲和力由此可见一斑。

尽管柳传志已经是大企业家，但和他交往的人却感受不到来自他的声名与威望的压力。柳传志"低"的这一步，让人感到轻松。这在中国的文化里，叫自谦、自抑。

行动指南

敬人一尺。

09月10日 有自知之明才能进步

自知之明这点是极其重要的，曾国藩就是有自知之明，多次检查自己如何不如左宗棠，如何不如自己的幕僚，这也挺了不起。他不是自卑，对于自己哪些事情行哪些事情不行，他分析得很有道理。

自知之明在某些时候是至关重要的。在我们谈到什么人能够进步，什么人不能进步的时候，不要说事业心，没有进取心的人就很难进步……再有就是顽固得没有自知之明的人也是很难进步的。

——1998 年 1 月在第五期高级干部培训班上的总结报告

柳传志于 1998 年 1 月举办的这次培训班，有一大议题是为了解决联想的子公司 LAS 的文化建设问题。这家公司当时的总经理叫吴伟民，是时任联想集团 CFO 马雪征的丈夫。吴伟民在做自我批评的时候，提到自己缺乏自知之明，决策随意。正是在这样的背景下，柳传志说了上述的话。很显然，在柳传志看来，一个好的 CEO 必须有自知之明。

行动指南

进步源自对自己的清醒认识。

站在人家角度去想问题

当两只鸡一样大的时候，人家肯定觉得你比他小；当你是只火鸡，人家是只小鸡，你觉得自己大得不行了吧，小鸡会觉得咱俩一样大；只有当你是只鸵鸟的时候，小鸡才会承认你大。所以，千万不要把自己的力量估计得过高，你一定要站在人家的角度去想。你想取得优势，你就要比别人有非常明显的优势才行。当我们还不是鸵鸟的时候，说话口气不要太大。

——柳传志 1994 年给杨元庆的一封信

背景分析

中国 IT 行业竞争很激烈，为了争夺市场份额，难免有些过火的正面冲突。少帅杨元庆就曾多次因为对手的过火言行要给予对方迎头痛击，为此，柳传志给杨元庆讲了这个理论。

杨元庆曾多次表示，"鸵鸟理论"让他心胸开阔，受益多多。再后来，联想日益做大，逐渐与对手拉开了差距，这时的杨元庆则更加领会了鸵鸟理论的真谛，他多次在公开场合对其他国内同行的提携就说明了他对鸵鸟理论的认同。

行动指南

不战而屈人之兵。

09月12日 一眼看到底

要学会"一眼看到底"。执行任何一个战术计划，要把它的目的一眼看到底，要把此事的得失一眼看到底。掌握这种思想方法是非常重要的。在管理一个较小的部门，做一件具体的事情时，培养自己这样去考虑问题，将来承担更大的责任时才有可能头脑清楚，应付自如。

——1991 年 4 月在集团总结表彰大会上的讲话：
《联想道路的回顾和展望》

背景分析

柳传志有着非凡的洞察力，比如在一台机器转手就能获利上万块的时代，他敏锐地觉察到这样的钱赚不长。

毫无疑问，洞察力是 CEO 应有的素质之一。那么，怎么训练和提高自己"一眼看到底"的洞察力呢？柳传志给出的建议是多问几个为什么，只有把主客观的分析做完之后，才能让自己看得更清楚。

行动指南

多问几个为什么。

善于总结才能成功

　　曾国藩有个静思的习惯，每次静思时，他要在房间里点一炷香，当烟徐徐升起的时候，他坐下来静静地把前后的事情想一遍，应该怎么做和不应该怎么做。我们说的静思呢，就是总结，就是在找规律。我们对每件事不光满足于如何做，更要研究它的规律。

　　我们对班子成员的要求有很多条，今天列出来的比如说要审时度势，要能够知人善用，对专业问题要有把握能力等，这些能力是怎么来的呢？这三条都是学来的。怎么学来的？实践中学也好，书本中学也好，都要总结。看别人摔跟头和自己摔跟头，感觉绝对是不同的。有人拿了碗鸡蛋汤，把鸡蛋汤从头喝到底也说不出来汤是怎么做的，而有人喝了一口就知道这鸡蛋汤是西红柿加鸡蛋加虾皮做的。为什么这个人就能说出来？因为他老在那不停地琢磨。总结和不总结绝对不一样，看书也是不同的。

　　——1998 年 1 月在第五期联想高级干部培训班上的总结报告

背景分析

　　柳传志对曾国藩极度推崇，在多次内部讲话中都提到向曾国藩学习。他们之间也有诸多相似的地方。柳传志和曾国藩基本上都属于白手起家，但做出了大事业，也带出了世界级的队伍。曾国藩带出来李鸿章、胡林翼等文臣不说，武将江忠源、罗泽南、塔齐布、彭玉麟、杨载福等都成了柱石。而柳传志旗下的杨元庆、郭为、朱立南、赵令欢、陈国栋都是或正在成为其所在行业的大佬。在对外部环境的认知上，曾国藩曾言："天下事在局外呐喊议论，总是无益。必须躬自入局，挺膺负责，乃有成事之可冀。"柳传志无疑是这种观念的信奉者，他多次说"不要做改革的牺牲品，而要做改革的促进者"。

　　在善于学习和总结等方面，柳传志也与曾国藩有着惊人的相似。我们有理由相信，柳传志肯定也会像曾国藩那样定期地进行静思，以对过去的事情作总结，并研究其内在的规律。

行动指南

每天抽出一些用来静思。

09月 16日 正直

我 17 岁那年，突然面临严峻的考验，您和妈妈对我说："我的孩子不管做什么，只要做一个正直的人就好。"这句话是多么刻骨铭心。刻骨铭心！爸爸，您知道吗？就这么一句话，指导我好好走过了 40 年的路！

——为父亲柳谷书所写的悼词:《怀念我的父亲》

背景分析

这段话出自柳传志为其父柳谷书所写的悼词。这份悼词虽短，却感人至深，催人泪下。

柳传志的父亲柳谷书算不上高干，但有金融和法务方面的才能，其创办的中国专利代理（香港）有限公司曾经是香港联想的三大股东之一，而其在香港多年的经历和由此积累下的广泛人脉，对儿子的成功也起到了或多或少的作用。

柳传志说的严峻考验是他在北京二十五中读高中期间，曾有机会实现当一名飞行员的梦想，但就在高考前夕，他被通知取消了当飞行员的资格，理由是他的一位亲戚是右派。飞行员梦想破灭后的柳传志相当消沉，只好重新拿起课本复习，参加高考。于是有了父亲与他的那次谈话。而柳传志日后的所作所为，进一步印证了正直这种美德对于一个人走向成功是多么重要。

行动指南

在得到工作机会的时候，考察一下你的老板和公司的其他高级管理人员是否正直，与正直的主管工作受益更多。

09月17日　追求诚信

关于诚信，最后讲两点：第一是人做到一生诚信是非常难的，因为会有很多诱惑要你不诚信，会有很多压力逼迫你不诚信。但是真要做事情，要想做领导，一定要诚信做事，把它作为做人的原则。第二点我想说，诚信不仅仅是一个态度问题，还包含能力问题。有的人就是有好的态度，但实际上实现不了目标。比如说在我们做预算，各个子公司报自己营业额和利润的时候，想清楚做得到做不到，做的时候把各种东西想清楚。所以我觉得人真要讲诚信，要把这个环节想清楚。

——2006 年 9 月在 ERP 成功上线经验交流会上的讲话

背景分析

诚信是中华民族的光荣传统。《管子·枢言》云："诚信者，天下之结也。"意思是说诚实守信，是治理国家的关键。孔子更是将"诚信为本""无信不利"的思想确立为其学说的思想核心。

从商业发展史来看，最终能成功的大企业家都是诚信大家，这也进一步说明了诚信对一个人走向成功所起的作用。

行动指南

取信于人。

管理好时间

现在，工作的时间比以前少了，因为我做的是重要而不紧急的事情。过去忙，压力大，处理的都是重要而紧急的事情，或者是不重要但紧急的事情……现在有充足的时间来考虑问题。

——2001年12月11日接受《北京青年报》的采访

背景分析

在这篇访谈中，细心的记者记录下柳传志2001年12月11日的日程安排：

09：00—13：30 联想风险投资项目决策会

14：30—16：30 联想集团业务情况通报会

16：30—17：30 控股公司职工持股会有关事宜讨论

17：30—19：30 园区拆迁会议

可见，柳传志的一天将在忙碌中度过。

时间对于柳传志这一代人有着特殊的意义，他们深知时间宝贵，他们渴望联想能够不断地发展壮大，而这一切，需要与时间做斗争，要不断地和时间赛跑。

时间对于任何人都一样，一天24小时，一小时60分钟，关键就在于如何合理安排时间。

行动指南

管理好你的时间。

学习不停，折腾不止

　　企业出事有很多种：一种是以为业务稳定了，以为没什么问题，其实后面事就来了；一种是企业开发了这种或那种产品，但随着时代发展，产品被淘汰了，企业没有做好战略准备，这时候出事了；还有一种是企业初办的时候培训了很多员工，这些员工逐渐熟悉了企业的业务，但是员工的待遇、福利没跟上，企业的经营方式没跟上，这些人心存不满，而企业领导人不知道，于是出现大规模跳槽，产生震荡。这些问题怎么处理？在不同的阶段，其实就是要不停地学习，不停地总结，然后要折腾，要改革，要创新，要动。这种能力本身，我将其称为学习能力。

　　　　　　　　　　　　——在 2003 年中国企业家论坛第三届年会上的讲话

背景分析

　　柳传志是一个喜欢折腾的人，他相信折腾会使联想更加出色，在这种思想的指导下，联想动流程、改组织结构、上马 ERP 都没有遇到什么大的阻碍。联想内部也流传着两年大折腾、一年小折腾的说法。

　　联想历史上有过三次大的组织变革：一次是 1994 年，将小船结构改成大船结构；一次是 1997 年京港大整合；还有一次是将神州数码从联想分拆出去。三次整合都取得了预想的效果，这与柳传志提倡的在变革中提高学习能力和适应能力是分不开的。

行动指南

　　培养和训练自己的学习能力、管理创新能力。

总结出来再接着往前做

我比较强调的是学习能力。学习能力是我们联想特定的语言。我说的这个学习能力跟人家的定义不同，那就是总结的能力，即汲取方方面面的营养来做事情，提高了以后，总结出来，再接着往前做的能力。

——2003 年 8 月在"入模子"培训班上的讲话

背景分析

联想的核心竞争力在什么地方？在于倪光南和他的技术？在汉卡盛行的年代，好像是这么回事情，但随着汉卡市场逐渐走入低谷，技术不再是联想的核心竞争力。在于杨元庆和他的渠道管理能力？可杨元庆亲政的第一个三年计划无疾而终，关于营销是联想的核心竞争力的质疑不绝于耳。

在柳传志看来，在结合西方企业先进管理经验的基础上，提炼出的具有联想特色的企业管理理念，就是联想的核心竞争力，而这靠的就是学习能力。

行动指南

及时总结，防止犯同样的错误。

加强学习能力

学习能力不容易在哪儿？既要知道企业内部的情况，同时还要知道行业的情况，甚至要知道世界的政治和经济情况。变革时代的领导力不好讲，花十二分力气也讲不明白，但还是要讲，要开会总结、调整创新、制定新的战略，这些都是学习能力。

——在 2003 年"中国企业家年会"上的讲话

背景分析

学习能力在柳传志的字典里是一个重要而没有明确定义的词条。有时候，柳传志把学习能力等同于归纳总结能力；有时候，柳传志会把学习能力等同于对当代和历史人物行为进行分析和总结；这里，柳传志把学习能力等同于在掌握企业内外部情况后进行战略决策的能力。

虽然柳传志把学习能力宽泛化，但核心的一点，学习能力是作出正确判断的保证。很显然，40 岁才开始接触商业的柳传志看重的就是这种能力，他也是靠这种学习能力来保证自己尽可能少地犯错或者犯错后能迅速改正的。

行动指南

提高学习能力并将其宽泛化。

因势利导才能带来好运

我们希望能站在一个更高的角度看问题，另外还要吸收新颖奇巧的思想，要守正出奇。我们应该从各个角度去汲取有营养的东西。

——1997 年 1 月 30 日在联想骨干员工会上的讲话

背景分析

有两个关于势的关键词：一个是时势造英雄；另一个是势比人强。对 CEO 来说，要想成事必须因势利导。只有懂得因势利导，才能懂得如何利用各种有利或不利的现实，为自己的努力加分，或为自己蓄势。

柳传志不相信运气，厌恶投机，但他却是一个因势利导的高人。柳传志最成功的一次因势利导的举动是1994年率先喊出"扛起民族产业的大旗"这一口号。也许有人说，口号人人都会喊，爱国主义的提法也是每个中国企业的心声，但回到1994年，回到外资大举入侵、国产品牌被步步紧逼、民族情绪极度高涨的那一年，正好是联想蓄势待发、逐渐变得成熟的一年。天时地利人和凑在一起，很显然不是喊两句口号那么简单的。

行动指南

得天时地利人和者，得天下。

 09月 **25**日 **尝试去研究一下形势**

为了我们自己不摔跟头，我们总得看人家为什么摔跟头，把这些问题分析清楚。我觉得不断去研究形势是非常重要的。

每年开工作会都要先谈形势，因为只有认清形势才能决定我们下步该怎么做。我们每年谈形势的时候，都是讲我们现在是在海图上的什么位置，我们这个船要往什么方向走，前面的水域是什么情况，有哪些暗礁，有哪些风险、风浪，我们应该怎么绕过，怎么前进。

不断地研究分析形势是非常重要的。而且从宏观看，所谓形势，就是看别的公司发生的情况，那也是历史。研究这些历史就是要让自己不要犯了错误、摔了跟头才知道疼。我觉得摔跟头是不可避免的，每个人都会摔。在商海中没摔过跟头的人绝对不可能成功，但可以摔得少，摔得小。如果小摔一下就立刻进行总结，是可以避免摔大跟头的。还有，通过研究别人，才知道管理的难度，这样以后就不会自我膨胀。

——1997年1月30日在联想骨干员工会上的讲话

对形势的研究和判断，是柳传志管理思想中最重要的一部分，也是他最多提及的。几乎每次开会，他都会主动和联想的干部谈起形势。而他对形势无数次的成功判断，使他在联想内部被逐步神化，更重要的是，他带领联想取得了一个又一个战役的胜利。

柳传志为什么重视分析形势，很大程度上是因为他对势能的重视。一件事情能不能做是一回事情，什么时候开始做是另一回事情，而后者往往需要有足够的势能。

行动指南

静下心来，认真研究下形势。

跳出画面看画

作为联想的干部，要根据全局的要求制订本部门的工作计划，甚至在完成一个具体任务的时候，要学会"跳出画面看画"的思维方式。就好比在画一幅大的油画时，要能够退后几步看你所画的全貌，这能使你永远保持清醒的头脑，知道你现在的工作在全局中占什么位置。

经常会有看起来很聪明的人在这个过程中被带到莫名其妙的事情上，忘了目的。我举一个例子，我有一个朋友在20世纪80年代的时候送他的孩子去学游泳，起因是那时候的家长很希望孩子多一些能力。学游泳的时候，每年要淘汰人，刚开始他的孩子没有被淘汰，家里很高兴；到三年级没有被淘汰更高兴；四年级的时候不但没有被淘汰还被国家奖励了，北京市体校奖励三斤粮票；再往后变得更了不起，他可以进入正式体校成为运动员，家里更高兴；结果去当了运动员，在北京市也能排上第二、第三名，但长大后工作很难找。就是这么一个故事，他父母都是中科院的研究员，孩子完全有条件成为工程师。所以我们做事情的时候确实要牢牢记住自己的目的。

——2006年7月在关于联想ERP实施成功经验分享会上的讲话

背景分析

柳传志是一个油画爱好者，2002 年，他曾偕夫人游历欧洲，到法国去看那里的油画和雕塑为什么那么栩栩如生。

目标一词在柳传志管理理论体系中有很多描述。他还有一个对目标的论断，那就是"一眼看到底"。两者都是讲要记住目标，只是"一眼看到底"是看清目标，而"跳出画面看画"则是讲不要在过程中忘记目标，本末倒置。柳传志在回答"联想为什么会成功"这个问题时指出，设定一个高目标，并不断朝这个目标前进是联想成功的重要原因。柳传志认为，联想应该将自己描绘成一个有高远目标的、能够持续发展的、有实力的企业。

行动指南

设定目标，牢记目标。

帅才得会统领全局

对于帅才而言，想办多大的公司，必须弄得很清楚。而且这个目标应该很高，不应该是简单地开一个店或者办一件事。他一定是有愿景的，而且能分清楚要通过几步到达，第一步大概到达什么地方，然后走什么路能够到达。在走这个路的时候，大概有几个环节，每一步都怎么走，中间的几个环节是不是需要同时开动，因为这里面有许多事。

这就说明会干活的人，得清楚整个事情的前后顺序；而且在做这个事的时候，还得加人，得有内部的培训；而且知道文化和业务是怎么配合的，知道班子是怎么融合的，管理三要素全懂，行业里面的细节也懂。到这个程度就能称得上帅才了。这样的人要是自己还不想着要一块平台，就非常可惜了。

——2011 年 7 月接受《创业邦》杂志的采访

背景分析

对于传承和分享，柳传志做得比他的同龄人都要好。联想控股旗下有专门的联想之星计划。这是个公益性的计划，每年联想控股花 1000 万元为中国的优秀创业者提供免费的创业培训，如果项目合适，联想还可以提供投资。只是从联想之星这里花出去的钱，单笔最大金额不能超过 1600 万元。柳传志本人也多次坦言，除了把联想控股搞上市，成就一个没有家族的家族企业外，最大的心愿是把联想多年来形成的方法论和资金结合在一起，帮助更多的人创业。

行动指南

赠人玫瑰，手有余香。

 # 复盘的三点体会

第一点，不管我当时多忙，都要抽出时间来静下心想想。在 2000 年以前，我每年都有一次到几次给员工讲话的机会，这种讲话本身就让我把事情是怎么回事、我怎么去表达、有什么规律性的东西等问题好好想一遍。当时没有用"复盘"这个词，但其实就是一个复盘的过程。

第二点，想的时候，尤其是打了败仗时，一定要多从自己身上找原因，这点非常重要。从自己身上找原因和找客观原因是完全不同的两回事情。找客观原因大概就是琢磨怎么向领导交差，从自己身上找原因是思考怎么把下一仗打好。

第三点，我觉得也很重要，就是千万别急于认为这就是规律。即使经过一次复盘、两次复盘，未必就真的能摸索到规律了。若是把不是规律的东西当成规律，比不知道规律还要惨得多。这个就是我对复盘的体会。

——2012 年 6 月柳传志在西安电子科技大学的讲话

背景分析

　　复盘是围棋术语，下完棋以后，选手都要把棋摆一遍。在摆的过程中，考虑再下时会不会还这么做，哪步是好棋、哪步是臭棋。柳传志正式提出"复盘"这个词是2001年联想投资成立的时候，他所说的复盘就是把每天做的事情，静下心来想想，越想就越明白。

行动指南

　　通过复盘寻找规律。

国际化

10月
1日 一代人有一代人的责任

　　回顾历史，最早期的开放是外国人出资金，中国人出资源，除了包括人力资源，也包括环境、生态的资源。40年后的今天，我们坚决继续走开放的道路，但是中国和人家互补的就不仅仅是资源了，我们已经有了多重优势。第一，我们有庞大的市场；第二，我们有制造业的基础；第三，我们有某些领域的先进技术和人才；第四，我们也有资金了。我们的资金来之不易，不仅是中国几代人汗水的结晶，也是用我们的环境资源，用青山绿水换来的。所以我们要用好这些资金，用它来产生更多的资金，用它来修复我们的青山绿水。

　　一个月以前，我和北京中关村企业家代表团访问了卢森堡。因为联想控股收购了卢森堡国际银行近90%的股份，卢森堡政府拥有10%，为此卢森堡的首相见了我们。卢森堡的首相说："我相信在中国没几个人知道是中国人买了卢森堡的银行，但是在卢森堡，几乎没有人不知道，中国人买了我们这家一百多年历史的发钞银行。"为了这次并购，卢森堡国际银行的管理层考察了我们两年，对中国的股东非常满意。这是一次真正意义上的、优势互补的合作。这个例子说明，在任何一个领域，今天的中国企业都能走向国际化，都能和世界你中有我、我中有你，紧紧地融合在一起。我们需要的是时间，是脚踏实地的行动，是做好我们自己的事情，只要坚持这么做下去，无须多久，我相信那些极端势力的代表再难出现今天穷凶极恶、目空一切的样子，只能平等地坐在谈判桌上。

人们常说，"机会，只会给有准备的人"，经历过这么多的事，我想说，"机会，只会给有实力的人"。未来的世界是怎样的？未来的中国又是怎么样的？如实说，我不知道。但我肯定知道的一点，就是你们——中国的青年企业家们，你们的表现，对中国的未来，以及世界的未来，将起到举足轻重的作用。一代人有一代人的责任！

——2019 年 8 月 10 日在第二届全国青年企业家峰会
暨京津冀青年经济领军人物创新发展大会的讲话

背景分析

联想投资卢森堡国际银行对于中国资本出海具有重要意义。在柳传志看来，出海是坚决走开放道路的更深层次，过去中国拿青山绿水换金山银山，目前中国已经积累起庞大资金、制造业基础、多元化人才和庞大市场，应该转变分工，用我们的资源参与国际化竞争。

行动指南

出海是新一代企业家必须担负的责任。

不能错过机遇期

中国的企业家天生就向上、积极、刻苦，再加上改革开放以后在商海的风浪中搏击了 30 多年，无论经验、眼光，都有了突破性的提高，特别是积累了相对雄厚的资金实力。这时候走出去充分利用国际的资源和市场，实行优势互补，效果必将是惊人的。

比如当年联想电脑在中国电脑市场稳居第一的时候，营业额是 30 亿美元，走出国门以后，现在是 480 亿美元；再比如现在联想控股旗下的佳沃集团，在中国组织了十几万亩的猕猴桃和蓝莓的生产，同时在智利并购了 7 个水果庄园。我们发现了什么？中国土地的有机质平均在 0.2% 左右，而我们在智利的农场，最差的一块地也有 12%。这几十年来，我们为了短期效应大量使用化肥，使土地板结到如此程度，如果现在还不采取措施，真是愧对子孙后代。这些年来，经济的高速发展破坏了环境，而如今我们有了条件，为什么不拿我们手中的资金和能力去换取国际的资源来修复我们的环境呢？

当然，国际化的好处远远不止这些。现在正是战略机遇期，千万不能错过了这个机会。政府为了避免某些类型的人抽逃资金，加强了外汇监控，这是必需的，但切不可一刀切，压住了我们国际化进程的脚步。

——2017 年 4 月 28 日参加央视财经频道
"振兴实体经济——为中国实业代言"峰会

背景分析

作为中国企业教父的柳传志说出这段话，仍然在为民族企业发声。前面部分是对已有成果的回顾，后文是对政府的建议。他认为，当前时代中国人经历了多年积累，在资金、市场、管理方面已经有了长远发展，正是出海的战略机遇期，绝对不可因噎废食，阻断中国企业的国际化路程。

行动指南

过去拿环境和资源换资金，现在有了资金就应该去争取国际资源，千万不可一刀切。

10月 3日 坚持国际化

要做的事太多了，我只想讲一件，美的极端势力是在逼我们和世界脱钩，特别是在高科技领域逼我们封门，这是痴心妄想，我们一定要坚持改革、坚持开放、坚持国际化。

首先讲我们的本钱——我们的市场。我们的市场是怎么来的？1978年以前，中国就有十几亿人口，但是没有钱，形不成市场。当年就是人家拿钱我们出苦力，做了好东西卖到国外，人家挣十块，我们挣一毛，但就这么滚着，雪球就越滚越大。咱们是先学当工人，后学当工段长，先学管理工厂，再学管理企业。就这么一点点，老百姓开始有点钱了，政府开始有点税收了，我们逐渐地就有了市场的底座。今天，我们已经形成了有几亿中等收入人群的全球最大市场，这个市场对美国大量的新业态、新技术是有巨大吸引力的，对美国的企业家是有巨大吸引力的，我们的市场是改革开放得来的。

——2019年8月18日参加亚布力中国企业家论坛
第十五届夏季高峰会

背景分析

事实上直到今天，世界市场规则的主要制定者仍然是美国。柳传志作为改革开放一代的创业者，深刻明白全球化的重要性。

柳传志认为，即便是美国部分势力试图孤立中国，促成中美脱钩，但因为中国庞大的市场和供应链对美国企业家具有巨大吸引力，他们是无法阻断中美企业家的合作的。

行动指南

不畏美国极端势力，绝不与世界脱钩。

10月 4日 自己要投入科技底座

我们中国过去开放，和外国人合作，是外国人出钱我们出资源，包括人力资源、出青山绿水的环境资源来进行合作。40年后的今天，中国人坚决继续走改革开放的道路，但和人家互补的已经有了新的内容。一个就是刚才我们说到的庞大的市场；第二，是制造业的基础；第三，是我们在某些领域的先进技术和人才；第四，是我们也能出资金。我们这些钱来之不易，不仅是中国几代人的汗水结晶，也是用我们的环境资源，用我们的青山绿水换来的，所以我们要用好这些资金，用它来产生更多的资金，用它来修复我们的青山绿水，用它投入到我们的科技底座里边去。

——2019 年 8 月 18 日参加亚布力中国企业家论坛

第十五届夏季高峰会

背景分析

1994 年前后，柳传志与倪光南在交换机方面的争执传得沸沸扬扬，最终结果是倪光南的学生罗争负责的程控部门被边缘化。倪光南后来说过，那时候联想进入通信领域，品牌、自己、技术各方面条件比华为优越很多，但是因为他下台，大量技术人才流失了。在联想重投产品技术的时候，华为在主攻尖端技术。

柳传志后来曾经说过，面对戴尔、微软等的强势竞争，当时的第一要务是活下来，产品技术比尖端技术更加能够获得市场。但在联想崛起成世界 PC 市场第一后，柳传志又把尖端核心科技的重要性提了上来。他认为中国企业出海，在国内资金市场的支持下，应当利用国外技术人才，重点建设科技底座。

行动指南

国际化要在科技方面重点投入。

10月 7日 国际化决定还是走并购的路子

我们在国际上到底缺什么呢？第一，我们缺一个响亮的品牌，我们的产品再好，没有响亮的品牌是不行的；第二，我们得不到国际市场的承认；第三，我们缺少一个有国际化管理人才的团队。那么怎么办呢？我们有两条路可走：一条是我们建立起上面所缺的东西，但这要有一个非常漫长的过程；另一种方法就是兼并、整合，但是这么做有极高的风险。我们在顾问咨询公司的帮助下，最后选择了第二条道路，也就是走兼并整合的道路。

——2004 年 12 月接受《全球财经观察》杂志的采访

背景分析

在 2007 年 8 月用友管理大会上，柳传志曾经总结过中国品牌国际化的两条路：一条路是自己做品牌，到海外设厂，开分公司，这条路的代表是海尔；而另一条路是联想选择的并购整合的路。不过，并购整合这条路也存在巨大的风险，至少 TCL 和明基都曾遇到过不同程度的问题。联想所在的 PC 领域，曾多次发生并购事件，但不论是三星并购 AST，还是惠普并购康柏，都没能取得预想的效果。

行动指南

选择适合自己的路。

10月8日 IBM 出现得恰逢其时

我当时不同意的是和 IBM 的合作。对于重返专业化，走国际化道路，我是同意的，但是一步就登这么高，我是有疑虑的。

在做这个交易以前，联想作为一个上市公司，要满足股东对利润持续增长的要求；业务发展受到限制后，企业本身就要突破到一个更大的领域去寻找发展空间，于是联想做了 3 年的多元化。效果不太好的时候，我们调整总体战略，选择了要走专业化、国际化的道路，这时 IBM 出现了。

——2004 年 12 月接受《全球财经观察》杂志的采访

背景分析

对于 IBM，柳传志是心存谦恭的。他曾在一篇文章里回忆起自己 1985 年参加 IBM 代理大会，穿着父亲给的旧西服，一个人默默坐在最后一排的情景。他也曾为对媒体称联想为中国的 IBM 感到惶恐，那一年，是 1992 年。

其实不只是柳传志，对于每一个 IT 行业的从业者来说，蓝色巨人 IBM 作为行业中的领袖级企业，都被放在高山山顶的位置。以 PC 为例，IBM 是整个 PC 制造业的标准制定者。可就是这样一个企业，最终被联想并购，实在是出乎大多数人的意料。

行动指南

不做一步登天的梦。

10月
9日 站在远处先把事情看清楚

我选择站在远处先把事情看清楚，发现这件事情跟我刚开始看的时候有很大的不同。刚开始看的时候，我认为这个要不就做好，要不就不做；但在实际做的过程当中，我发现其实不是这样的。这个业务合并本身是能够根据做的情况出现不同状况的，比如说是不及格还是及格，是良好还是优秀。我觉得只要杨元庆的队伍依然保持斗志，即使受到一些挫折，也不会有致命的问题。

——2004 年 12 月接受《全球财经观察》杂志的采访

背景分析

柳传志又一次强调了在成事过程中人的能动性。在他看来，只要杨元庆的队伍依然保持斗志，就不会有致命问题。

柳传志再次对杨元庆下注，与 1994 年前让杨元庆领命组建微机事业部并一举大获全胜不无关系。1993 年，联想第一次没有完成预定任务，29 岁的 CAD 事业部总经理杨元庆毛遂自荐，担任联想最重要的微机事业部总经理，并开创性地采取事业部的管理方式，建立起分销体系。之后的联想电脑在杨元庆的带领下取得一次又一次的成功，在 1996 年成为内地 PC 行业的第一名，并将这一优势保持至今。

行动指南

跳出来，视野能更开阔。

10月 10日 设立总部的学问

并购会产生市场风险，新公司成立后，原来的客户是否承认你的产品？以前客户买的是 IBM 的产品，现在客户是否会流失？我们做了以下工作，第一，是产品品牌不变，5 年之内 IBM 的品牌归我们使用，ThinkPad 这个品牌永远归联想使用。第二，跟客户打交道的业务人员不变，这是我们最重要的工作。我们专门把总部设在纽约，说明这是一个真正的国际公司。本来我们是考虑设两个总部，一个在美国，一个在中国，后来考虑市场反应只在纽约设一个总部。新联想和 IBM 一起派出 2000 多个销售人员做市场工作，IBM 也调动了一些人和这 2000 多人一起做大客户工作。事实证明这个措施是有力的，把风险控制住了。

——2005 年 6 月接受《21 世纪经济报道》的采访

背景分析

对于并购双方来说，在哪里设立总部，是一个敏感话题，加上这又是跨国合并，不可避免地涉及对宗主国的税收贡献等问题，因此，联想将在哪里设立总部一开始就成为媒体关注的焦点。最后的结果是一波三折：先是把总部设在纽约，董事局主席杨元庆和 CEO 斯蒂芬·沃德（Stephen Ward）将在纽约办公。2006 年 3 月，新联想宣布裁员

1000 人，并将公司总部从美国纽约迁到了罗利。2007 年 4 月，联想全球（中国区除外）再裁员 1400 人，其中联想全球总部美国罗利将裁员 20%，罗利虽然仍为联想总部，但与北京并列为联想的两个运营中心。随着研发机构往北京迁移，联想的全球总部重回北京。

联想的总部变迁是典型的业务逻辑，最开始设在纽约是为了更好地完成与 IBM 业务的对接，从纽约迁移到罗利则是为了节约成本，而重回北京则是联想业务拓展的需要。在联想全球业务的新规划中，北美市场虽然依然重要，但成长性相对较差，属于联想最后一块要啃的骨头。

行动指南

唯一不变的是变。

10月 11日 如何避免员工流失？

原来 IBM 的员工都是优秀员工，他们觉得自己是为 IBM 服务的，新股东变为中国人之后，他们有些彷徨与失落。我们做了两方面的工作，第一是对 IBM 的高层骨干员工讲述新公司的愿景。原来 IBM 的 PC 业务这部分，是控制发展，骨干员工的能力得不到充分的发展，而新联想主要做的就是 PC，他们的能力有充分的发展空间。另外新联想的文化，将完全是一个国际企业的文化，不是一个固执的中国公司，这会让高层骨干员工感到非常愉快。第二是人员待遇不变，而且高层骨干的待遇比原来有大幅增长。这项措施落实之后军心安定了。

——2005 年 6 月接受《21 世纪经济报道》的采访

背景分析

对并购双方，习以为常的叫法是将并购方称为猎手，将被并购方称为猎物，作为猎物不免在心理上有着这样那样的考虑。

在联想并购 IBM 的全球 PC 业务案中，作为猎物的 IBM 员工也曾有过很大的波动和彷徨。在 IBM 员工的内部论坛网页上，有美籍员工写道："以后的养老金也许要改发人民币了。"言语中透露出对未来的惶恐。

不过，并购后的新联想依旧给 IBM 原有的员工发放美元，并采取了待遇不变、未来发展空间变大等措施来稳定队伍。从最终的结果来看，新联想的这些做法颇为奏效，新联想也没有在人员流失这个问题上失分。

行动指南

并购中，"购"很大程度上在于人，人是宝贵的无形资产。

10月14日　管理基础一致决定了业务整合的成败

业务怎么整合，人员、文化怎么磨合，这都是问题。商学院的老师给他们的学生讲课的时候谈到这个案例更多的担心都在这方面。我们是怎么考虑的呢？第一，当我作为董事会的主席，真正下决心批准案子向前推进的时候，主要是了解了这个基本情况以后才做的。就是在调查和谈判深入的时候，发现双方的工作语言是共同的，管理模式基本上属于一个层次。当我们把这点看透以后，他们做的事我们全懂，我们做的事他们也全懂，这就给我们奠定了业务整合的基础。这是最重要的一点，双方的业务是互补的，这点非常重要，这减少了碰撞的机会。

——2005 年 6 月接受《21 世纪经济报道》的采访

背景分析

内地企业国际并购中一个很重要的问题，是要清楚认识到自己的管理基础与国际化的公司之间有什么差别，比如是不是有一套相吻合的 ERP 系统，在并购方面双方的管理语言是否一致。如果没有这一条的话，并购失败的概率相对较大。既然是并购，那么必然是舍弃对方不好的地方，如果要判定对方的行为和资源的优劣，必须先建立起一套双方都认同的企业管理系统。

行动指南

建立起对话的机制是谋求合作的前提。

10月 15日 海归是推动国际化并购的有生力量

有人说联想以前只注意内部员工的成长，而不愿意从外边挖人。其实我觉得办企业跟打仗的情况差不多，具体情况要具体对待。联想现在吸收了大量从国外回来的员工，充实到了中高层，已经有了一定的基础，这就使得联想的工作语言能够和IBM的工作语言相通。例如在本次谈判中，与我接触的几个都是海归。

——2005年6月接受《新京报》的采访

背景分析

在内部培养方面，做得最突出的是宝洁公司。宝洁公司一直坚持内部提升，所有的高级员工都是从内部提升的，不会从外面空降。公司提升员工的唯一标准是员工的能力和贡献，同时员工的国籍不会影响提升。宝洁很少请猎头公司，而是坚持内部培养、内部提拔的传统。这是基于以下原因：首先，宝洁相信自己招聘的质量，相信公司内部是有大量人才的；其次，宝洁希望每个员工都能看到自己的上升空间，而不是一有职位空缺，就由"空降兵"占领了，那样员工可能对公司缺乏归属感。柳传志也喜欢从内部员工中培养干部，杨元庆、郭为都是1988年加入联想的"老人"。但这并不意味着联想就不重用外来干部，具体的人事安排是由联想本身的业务状况和联想的人才体系来决定的。

行动指南

具体情况具体对待。

10月 16日 兼并的前提是文化磨合

一个企业在进行兼并收购的同时，首先自己要有一个非常明确的文化基础和一套好的管理理念，这是和人家磨合好的前提。如果两家公司都非常大，怎么样进行文化的磨合将是一个非常大的问题，这需要很多具体的步骤来落实，不是光一句空话就行的。

——2001 年 11 月接受赛迪网的采访

背景分析

柳传志总结出这套并购和文化之间关系的言论是在 1999 年。1999 年，柳传志带着问题去美国，去找其心中的管理学大师杰克·韦尔奇，不曾想扑了空，但是柳传志并未空手而归。

柳传志当时面对的问题是，一个不断发展的企业怎样才能成功地进行兼并收购。他虽然没有见着韦尔奇，但是参加了通用电气的高级经理人研修班。通过研修班的学习，柳传志深刻认识到了兼并过程中文化磨合的作用，这在几年后联想并购 IBM 全球 PC 业务的过程中得到了体现。

行动指南

组织整合首先是文化上的磨合。

10月 17日 坦诚、尊重和妥协

如果要并购，要把目光放在未来的业务磨合和文化磨合之上，联想在并购 IBM 全球 PC 业务的过程中，在这些方面下的功夫比较多。例如，大家知道，杨元庆是意志力很强的一个人，当然他多少也有点儿固执，所以在考虑进行并购时，对于他的性格，我们还是有所顾虑的。但是杨元庆接手后，他的大度和宽容出乎我们意料——做董事长的工作和总裁的工作还是不一样的——他贯彻了我们三个重要方针"坦诚、尊重和妥协"。妥协是非常重要的，他做到了。

在海外并购中，要把如何进行文化磨合放在最重要的位置。一开始，IBM 提出要把纽约作为总部，我们立刻就同意了，因为这实际上是他们提出的非常合理的要求。

——2005 年 6 月接受《21 世纪经济报道》的采访

背景分析

接触过杨元庆的人都知道，这位联想少帅虽然待人温和，但其实是个极其刚强的人。特别是职业生涯的早期，如果他认定有理，有天大的压力他也不会妥协。这让联想的一些老一代创业者不太舒服，以致造成了激烈的冲突。

于是，夹在杨元庆及"前辈"们中间的柳传志，决定让杨元庆学会妥协。1996 年年初的一个晚上，杨元庆和属下的高级经理奉命来到公司 505 会议室——联想的很多决定都是在这个房间作出的。正谈笑间，大门洞开，柳传志走进来，坐在杨元庆对面，没有一句寒暄，劈头盖脸一通斥责："不要以为你得到的一切是理所应当的，你的这个舞台是我们顶着巨大的压力给你搭起来的……你不能一股劲儿只顾往前冲，什么事都来找我柳传志讲公不公平。你不妥协，要我如何做？"

杨元庆本觉得自己该说点什么，但刚说一句便当着众人失声痛哭起来。那一夜，杨元庆彻夜未眠。第二天，杨元庆桌上放了一封柳传志的信，在信中，柳传志除了坦诚地描述了对杨元庆的看法外，还表示将以"未来核心领导人"的标准要求他。

杨元庆很感激柳传志当年的一番苦心。在2004年他曾说过这样的话："如果当初只有我那种年轻气盛的做法，没有柳总的那种妥协，联想可能就没有今天了。"

有了这样的经历，杨元庆主动做到"妥协"顺理成章。

行动指南

为达到目的而作出适当的妥协。

高层磨合是磨合的关键

文化磨合中最重要的在高层，即董事长、董事会和CEO之间的磨合。如果这些过程都有好的结果，那最后的结果肯定会好得多，对下边的磨合会有好的作用。

最大的问题就是出现高层分裂、队伍分裂。只要不是属于这种问题，比如客户的流失、员工的流失，都不会达到不及格的地步。及格线定在高层分裂这条线之下。因此联想在开始时会把高层连接看得非常重。但是如果真到了这样的时候，联想会利用自己在董事会的权力来进行新的选择。

——2004年12月接受《全球财经观察》杂志的采访

背景分析

"政策制定了，干部是关键。"学过《毛泽东选集》的柳传志深知两支队伍的融合，首先是领导层面的融合。

以杨元庆的性格和做事风格，他其实更适合做CEO，但考虑到整合的必要和加强控制等因素，柳传志创造性地让杨元庆担任了一个执行董事长的角色，即不像中国的董事长有很大的权力，但是要管战略、技术和重要人事任命。

柳传志认为中国的品牌要想成为国际性的品牌，开拓国际市场，与国外的管理方式接轨，中国的公司一开始就不能有人与国外公司的管理者抢CEO的位置，抢的都没好处。但是如果不抢 CEO 的位置，又有可能造成中国人不能在关键岗位起到作用。执行董事长模式的诞生，给磨合提供了组织保证。

行动指南

给组织选择一个好的带头人。

10月 21日 如何共享双方的研发？

研发也是双方谈得很成功的方面。研发上明显各有侧重：IBM 有精锐的笔记本研发队伍，而联想的优势集中在台式机，特别是消费类电脑方面。

双方可以互相派人，使业务本身逐渐有个融合过程。刚开始的稳定对彼此都是有好处的，如果双方强的地方一致的话，反而在业务整合上有麻烦。联想今年（2004年）有 300 多项专利，互换专利是一种趋势。专利混在一起，会带来很好的机遇。互换专利，会使联想未来的研发工作更通畅。

技术要对公司的产品发挥很大的作用，经过这么多年的发展，联想有了相当的技术积累。另外，完成对 IBM 的 PC 业务的收购之后，原 IBM 的技术团队属于中国，许多专利也属于中国，联想接下来的工作是让这些技术转化成产品，让技术能够赚钱。

——2004 年 12 月接受《全球财经观察》杂志的采访

背景分析

和联想集团的研发能力比较起来，IBM 位于美国北卡罗来纳州罗利和日本大和的研发中心，显然实力更强。据美国专利暨商标局的统计数据，2003 年 IBM 在美国申请并核准的专利数达 3415 件，连续 11 次高居全球第一。IBM 的与 PC 业务相关的 Think Vantage 技术集合，包括了多种方便用户使用、实现售后服务、保障系统安全的技术。2003 年颇受关注的笔记本电脑硬盘主动保护系统 APS，就是其中一项技术。

而一旦联想能够将收购到的技术吸收消化，联想得到的提升就不只是国际化，而是获得真正的核心能力。不过，这并不是一件容易的事情。英国的莲花跑车公司曾经被卖过很多次，连马来西亚的厂家都买过它，厂家买来之后，把所有的资料全部复印下来，然后转卖出去。可是莲花被卖这么多次之后，还是拥有自己的缄默知识（know-how），这种缄默知识很难通过收购获得。

虽然联想可以买来技术，但是此前都没有接触过高端的技术，如何管理就成了很大的障碍。而且即使研发做到了，还需要通过生产实现。这些，是联想乃至每一个希望通过并购提升自己技术储备和研发实力的企业所需要面对的。

行动指南

掌握最具价值的研发体系和知识系统。

10月22日 整合关键在于对业务的把控能力

整合成败的关键在于并购方对业务的把控能力，即你有无能力在业务上真正"导引"被并购方。对中国企业来说，这尤其艰巨，因为纵使你再优秀，要想赢得对方尊重仍需时日。为什么我敢于冒风险，同意这桩惊天并购？因为通过后期的深入接触，我感觉到，联想对于 PC 业务的认知与把握，完全可以主导局面。

——2007 年 8 月接受《21 世纪经济报道》的采访

背景分析

从过去几年由中国企业参与的并购案例来看，尚未出现类似美国在线与时代华纳、英国沃达丰与德国曼内斯曼、惠普与康柏的强强联合式的案例。这很大程度上是因为中国尚未形成一批在行业内位居全球龙头地位的"重量级"跨国公司。由于并购动因不同、融资条件的限制，现阶段多数企业仍将以并购境外大型企业的部分业务为主。

这也造成了一个尴尬的事实：虽然我们是并购方，对方是被并购方，但由于对方是赫赫有名的大企业，加上出于对对方资源继承和整合的需要，所以在并购整合中，甚至是整合后业务的推进，往往由被并购方主导。TCL与阿尔法特、明基与西门子的并购案中都出现过这个问题。而联想在并购过程中更为主动的原因在于，联想有更强的业务主导和把控能力。

行动指南

任何时候都应注重提高把控能力。

10月23日 联想国际化要复制中国经验

联想的信心在于，联想在中国做得很好，很有经验，将这些经验复制到海外，联想PC就容易成功。把原IBM运营中的高成本的东西拿下去，把我们优秀的管理经验运用到极致，这时候营业额和利润都会有很大的提高。联想在中国的成功不是一般性的成功。在中国市场，PC领域所有强大的公司全都进来了，这些强大的竞争对手在中国市场已经使尽了全力。他们眼里的中国市场，是真正的"奥运会"。就是在这个竞争激烈的市场，联想依然取得了胜利，取得了领导地位。这不是偶然的，实际上是联想业务模式的胜利，里面包括供应链的改进、销售渠道的建设、品牌的推广等一系列的系统设计。联想要尽量发挥中国业务模式的优势。

——2007年5月接受《21世纪经济报道》的采访

背景分析

中国IT界的一些人士认为，联想的政府关系相对于其竞争对手来说，仍旧是一种很强大的优势。那些与联想集团形成竞争态势的跨国公司的经理人员长期以来有这样一种认识：中国市场不是一个标准的竞争区域，而联想作为中国政府在本地的先锋队伍，享受着比较大的本土优势。不过，这种论调并不能得到柳传志的认可。支持柳传志的观点有二：一是在 20 世纪 90 年代前半段，跨国公司的 PC 品牌曾占据了整个中国内地大半的市场，很显然，这不能说跨国公司依靠政府关系取得了胜利；二是 90 年代后半段起，中国内地 PC 市场中的竞争已非常激烈，在这样的市场环境下取得的胜利与政府资源强弱的关系不大。

行动指南

复制，是走向成功的捷径。

10月24日 本土市场足以站稳脚跟

中国企业的并购时代是否已经到来我还不敢说，但是越来越多的企业走出国门去并购这是肯定的。因为中国的资本与国外资源的结合，也是一条中国企业国际化的发展道路。过去，多数都是人家的资本，我们的资源；但现在我们的资本也可以跟外国的资源相结合，这是一条新的道路。对于中国公司的并购，我只能从联想的角度来看。在国际化过程中，我们所拥有的最大优势是我们的本土市场非常大，足以令我们站稳脚跟。

——2007 年 5 月接受《21 世纪经济报道》的采访

背景分析

到过韩国的人可能会注意到这样一个有趣的现象：在韩国的大街小巷，人们常常看到一个用汉字写就的标语"身土不二"。久住韩国的人一定不难发现，这一口号遍及韩国的每一个角落，甚至已经成为韩国人生活中无处不在的信条。按照韩国人的解释，"身土不二"的意思就是"在这块土地上长大的人，应该使用这块土地上产出的东西"，也就是说，身为韩国人就要用韩国货。因此对许多韩国消费者来说，韩国货就是比外国货好，用韩国货没商量，从不问为什么。

中国消费者在"身土不二"这一点上远不如韩国人，但由于中国的本土市场远大于韩国，因此，中国本土市场也可能像韩国市场一样支撑起类似三星的世界性品牌。而这正是柳传志对联想的期望。

行动指南

吃下你的利基市场。

10月25日 中国企业国际化缺乏经验和人才

中国公司的主要劣势是缺乏国际化的经验和人才。经验少主要是因为我们过去实行的是计划经济。这样一来，我们要与他人进行合作时，并不是用一般的工作语言就可以交流的，因为其中还会涉及企业的机制问题。此外，中国企业跨国并购还存在人才方面的困难。我们需要把这几个方面都准备好，看得更透更清楚后，再作出决定。

——2007年5月接受《21世纪经济报道》的采访

背景分析

中国企业国际化到底缺什么？很显然，不是资金和本土市场，这其实是我们的长处。随着在本土市场的日益做大，中国企业开始有了走出去的根据地；随着手头现金的逐步宽裕，中国企业开始有资格参与到世界经济的舞台中。中国企业缺的是走向国际化所需要的人，特别是有经验的人，以及吸引和融合这样的人才所需要的企业内部环境和运行机制。

行动指南

建立起适合人才发展的体制。

10月28日 民族企业要再定义

　　民族企业需要再定义，到底什么是民族企业国际化？随着中国公司并购国外公司的案例增多，国外公司并购中国公司的案例也越来越多，经济学界肯定会再讨论。我也没有思考得太透彻。

　　不少中国人经常有些不切实际的希望：资本全是中国的，管理层全是中国的，只有市场是全球的，这种可能性基本没有。就计算机这个领域来说，在全球销售一个品牌，没有外国人发挥作用，是做不到这点的。我们的想法是，CEO 必须是外国人，因为市场是全球的，这与了解程度有直接关系。

　　只能说，欧洲的汽车公司、电话公司，它们的全球化，都是大股东在哪里就算哪个国家的公司，同时董事会的成员相当国际化和多元化。当然，中国人的考虑也不能说不对。我有一次在讲话里说，美国人一提到愿景，都是说要为世界怎么怎么样，而中国企业家讲愿景，多是产业报国。可以说，民族企业和民族工业的概念仍是很重要的，但联想集团现在走国际化道路，如果这块业务仍强调国内，会很难做。但在联想控股的其他企业里，我还是非常强调民族的概念，即为民族作贡献。就我个人而言，我有使命感。

　　　　　　　　　　——2006 年 11 月接受《东方企业家》杂志的采访

背景分析

　　2006 年 4 月 18 日，长虹公司静悄悄地终结了"以民族振兴为己任"的老使命，正式对外公布了"快乐创造 C 生活"的企业新使命。显然，中国企业终于开始懂得了一个基本道理：企业家个人的理想使命，不等于企业组织的宗旨使命。在此之前，二者常被混为一谈。

　　现在，中国企业开始将个人使命与企业使命区分开来，意味着中国企业家的组织管理意识的觉醒。无独有偶，海尔、华为、联想等一大批中国的知名企业，几乎无一例外地悄悄删掉了"民族振兴"的字眼儿。事实上，现代企业作为一个正式组织，开始成为一个独立的生命体，因而也具有了独立的组织价值观。因此，一个企业组织的宗旨、使命，只能描述企业（产品）本身面向市场和顾客的商业意义。否则，企业宗旨、使命将注定沦为表达民族情绪的宣传口号。

当然，这并不意味着振兴民族的口号消失。这些口号将永远是张瑞敏、柳传志等企业家的工作动力和心中不变的情结。只不过，他们再也不会用个人使命替代组织使命了，他们已经把个人使命深深地埋在了心底，开始思考企业组织的使命是什么，并且使用组织使命确认企业的未来方向。一个企业只有使组织本身发展壮大并保持基业长青，才能在真正意义上实现民族振兴的理想。

行动指南

区分个人和组织的使命。

靠不停地"拨"克服国际化带来的困难

比如说走国际化道路的问题，实际上在这一过程中联想遇到过各种各样的挫折，克服这些挫折，靠的就是不停地"拨"。2009年，联想集团亏损很多，那时候从国外退回来是一种做法，因为企业内部的文化出现了问题，有的人就提出不如干脆退回来，坚守我们中国的阵地。还有一种做法，就是任由它去，到了最后做不成功，让它自生自灭，这种可能性也是有的。

当时我们坚持认为国际化道路是一定要走的，既然这个方向是对的，那就要不停地"拨"。但拨之前，也要把所有可能遇到的问题都研究一遍，所以我就开始思考，我复出以后怎么办。如果不思考，光凭一股蛮力，方向就真的会产生大问题。其实那次危机从本质上来说，就是东西方文化冲突的问题，这个问题不可能在短时间内解决。但如果我不出手，那就等于不"拨"了，顺其自然了。我回去，是增加了"拨"的力量。

——2012年6月接受《解放日报》的采访

背景分析

柳传志所回忆的时候是 2009 年年初联想集团 2008 年财报发布之时。此时也是阿梅里奥（Amelio）CEO 任期的最后一年，联想集团的国际化之路要不要走下去、怎么走、谁来带着走等一系列的问题拷问着柳传志。最终柳传志毅然复出，接任联想集团董事长，上演了一出超级大逆转的好戏。

行动指南

方向对了，也要不停地完善细节。

10月 30日 要"走出去"得有自己的国际化队伍

首先要对自己的行业规律、规则有深刻的认识，你得知道这活儿怎么干，否则出去了你怎么打得过人家？其次，现在咱们的民营企业在管理上还是比较粗糙的，如果要收购别人，管理上还需要更加精细。李书福对沃尔沃的做法，我觉得是可取的，就是先"物理性并购"，你做你的，我做我的，让我们有一个了解和学习的时间。这是中国企业家需要积极努力的一个方面。另外还有一点，要有对国际化人才的储备，比如熟悉国际规则、并购业务，精通多国语言的人才，都是中国企业"走出去"所亟须的。概括起来说，就是国际化规则、国际化管理和国际化人才。

——2012 年 6 月接受《解放日报》的采访

背景分析

中国企业做大的路径一般是两条：一是走多元化的道路，做着做着就什么都做了，这种模式在东方世界比较常见；还有一种是走着走着，就要"走出去"了。但是出去以后，由于对业务研究得不透彻等原因，往往只能在东南亚一带转，冲出亚洲已有一定困难，真正要和欧美的成熟企业抗衡，可能困难更大。所以，要"走出去"、扩大业务规模，这是一个企业的追求，是天性。但是出去的时候是不是已经把问题想清楚了，是不是有相关的思想准备和人力储备，这是头等重要的事。

行动指南

打造自己的国际化人才队伍。

10月 31日 中国式跨国公司

所谓中国人来管理，我希望的是一把手由中国人担任。第一把手是企业的一个方向，一个团队如果没有一把手，这个公司就会乱。所以任何事都是这样的，总要有一个真正的核心，就是第一把手。中心主要是融合，而不是平衡，一开始让国际员工心中觉得你是一个国际公司，到后来融合进去，把双方共同认可的价值观建立起来。

——2011 年 11 月接受《21 世纪经济报道》的采访

背景分析

在柳传志的反对者看来，这段话更多是他在为自己不断调整杨元庆的岗位和职责的行为作辩解。但从最终结果来看，让杨元庆先当董事长（更多是执行董事长），柳传志自己当董事会里起作用的人；然后在两任 CEO 都无法将联想带入正轨的困局下，柳传志当董事长，杨元庆当 CEO；等业务走上正轨后，柳传志辞去董事长，杨元庆董事长和 CEO 双肩挑这个变化过程的确是合理的，也是对联想集团的发展有利的。

行动指南

在组织结构设定上给各种可能留下缓冲地带。

11 月

资本运作

11 月
1 日

错过 BAT

　　今天中国优秀的大企业的领军人物已经有了能够跨行业、跨地区、跨时空的眼光和经济实力，也就是有了战略布局能力。跨行业、跨地域就不用说了，所谓跨时空是什么意思呢？这就是说过去我在做企业的时候，因为钱少，所以非常注意火候到不到，就是市场成熟到什么程度，决定了我往外推不推这个成果。如果市场还没到这个程度，就不能大批出产品，要不然钱就压在那儿了。

　　而现在，由于企业家成熟了，资金丰厚了，就可以提前布点。也许现在看有的东西有用，有的东西根本没用，但我可以先行尝试，火候到了，市场机会也就爆发了，这就是眼光吧。

　　早年 BAT 三家都曾经和我们的谈过投资，但我们一家都没看，一个是当时经济实力还不足够，一个确确实实是当时的眼光也不够。后来钱都被日本和美国的投资人挣去了。但是时代走到了今天，情况已经不会那样了。现在中国大企业的领军人物已经有了这种跨时空的战略布局能力，说明我们的企业家们是能够正确地对待这个历史机遇的。

——2017 年 6 月 6 日出席全球创新峰会

背景分析

柳传志在 2000 年到 2001 年的时候用 3500 万美元自己的钱做投资，因为这都是卖机器一块钱一块钱挣来的，所以投的时候很小心。

当时的 BAT 三家都曾经找过联想，但因为过于小心，又看不懂像 BAT 这样的企业，所以最终错过，这也成了他投资生平的憾事。

行动指南

新一代的企业家要有跨时空、跨地区、跨行业的布局能力。

11月
2日 双轮驱动

我们现在的控股战略，第一条叫作双轮驱动，即做财务投资，又做战略投资。战略投资以长期持有为目的，打造支柱型业务；而财务投资以财务回报为导向，选择合适的产品与标的组合投资。最初我们做了风险投资、PE 私募股权投资和天使投资，这些投资都属于财务投资，就是我投了你，帮你做好做大了后，通过上市或企业间的并购实现退出。

在财务投资做到 2008 年时候，我们开始实现在 2003 年就提出的愿景，要做一家受人尊重、值得信赖的、在多个领域里拥有领先企业的多元化投资控股公司。而我们做财务投资做了多年，几百家被投企业也是我们很特殊的优势所在。其中发展不错又符合我们方向的，那联想控股的战略投资就可以跟进，作为战略投资者支持其更长期的发展，目前好几个公司就是这么来的。比如拉卡拉就是君联资本先投的，连续几年亏损，但我们认为企业有潜力，联想控股就跟进了投资。

——2019 年 2 月 17 日柳传志接受《南方周末》报刊采访

背景分析

柳传志在 CEO 特训班接受的采访。

行动指南

从财务投资到战略投资，打造投资双轮驱动。

11月 3日 衡量投资企业的标准

我们选择（投资方向）的时候，首先选受政策方向影响小一点的行业，不会因政策剧烈波动。第二，行业发展空间要大，国家提得很明确，要用消费服务拉动经济，这个方向我们很看好，是联想控股的投资主题。第三，希望将投资和实业有机结合，通过多样化的投资平台覆盖企业发展的各个阶段，增强平台间的协同效应。

——2015 年 7 月 14 日柳传志回答《新京报》采访

背景分析

柳传志在 CEO 特训班接受的采访。

行动指南

柳传志选择投资企业三件套：政策稳定、空间巨大、与实业结合。

11月 4日 用资本促创新

要学会用资本的力量促进科技创新。举个例子：中关村是在 2000 年以后才真正成为科技创新、科技产业化的全国标杆的，为什么会是在这个时候呢？是因为钱到了。2000 年以后，大量的 VC（风险投资）、PE（私募股权投资）、天使投资云集到了中关村的上空，资本的力量和科技的实力结合以后，就形成了今天给北京带来巨大财富的中关村。

BAT 三家企业是怎么形成的？也是因为拿到了 VC 和 PE 的钱。这些钱，特别是 VC 和天使投资的钱是很"勇敢"的钱，他们（投资人）不怕犯错误，这样就给技术创新的创业者大大增加了不怕失败的勇气。

——2019 年 1 月 14 日柳传志向中科院做工作汇报

背景分析

柳传志在做君联资本的过程中，深刻认识到资本对于科技发展的重要性，必须将资本与科技结合，才能孵化出优秀的科技企业。

行动指南

重视资本的力量，用资本促进创新。

11月 5日 帮助投资企业做大做强

投资就是做四件事情：第一融资，第二找合适的项目，第三帮企业做好，第四获利而退。与国外的投资公司擅长融资相比，我的优势则是有过 20 年的国有企业管理经验，深谙如何帮助投资企业做大、做强。

——2006 年 11 月接受《中国经济周刊》的采访

背景分析

很多人都很纳闷，柳传志的联想控股为什么有两个投资公司，通过上面这段话，应该能找到答案。联想的两个投资公司，一个是做风险投资，主要是针对快速成长的高科技公司，这些公司规模偏小，体制多为民营；另一个则是做 PE，主要是将企业进行包装再上市，而联想很大程度上是两头都占。

行动指南

只要你真心付出，你所做过的事情，都将成为你日后成功的参考经验。

11月 6日 养"猪"还是养"儿子"？

在联想控股的定位清晰后，下面各块新业务又如何定位呢？我曾经打了一个形象的比方，就是养"猪"（纯粹当作投资来做）和养"儿子"（当作产业来做）区别对待。对于联想投资和弘毅投资两家投资类子公司，我们明确了现阶段就是要将所投的项目当猪养，不会去做产业，所有的项目都要考虑退出。国内许多投资类公司之所以不成功，就是因为它们没有明确自己何时要退出，最后把活钱变成了死钱。而对于融科智地，我希望能够把这个"儿子"养大。

——2007 年 1 月接受《21 世纪经济报道》报刊的采访

背景分析

以柳传志的声望，很多被投资的企业，都希望成为联想的"儿子"；不过，从做投资的情况来看，"儿子"是养不过来的，相反，"猪"是可以批量生产的。

柳传志为什么看重地产，主要基于两个判断：一是他认为房地产在未来二三十年将不断发展，因为中国人口多、底子差、农村城市化要推进，在这种情况下，可以说需求空间非常大；二是房地产业会整个推动中国经济的发展，房地产业需要的材料涉及各行各业，链条很长。

行动指南

区分不同的项目，不同的出发点决定不同的处理手法。

11月 7日 什么样的项目会成为战略投资？

到了合适的行业，有合适的人，一切都非常合适的时候，有可能变成战略投资，就是控股或者把它买下来，就不再退出了。这个可能性是有的，但绝不会勉强，确实机会很好，水到渠成我们再做。这样的项目需要具备两个条件：一是项目前景看好，市场空间巨大；二是管理团队特别优秀，特别容易融入联想文化，这种项目是可遇不可求的，而且要产生水到渠成的感觉。

——2007 年 1 月接受《21 世纪经济报道》报刊的采访

柳传志把现有联想大家庭的格局描述为 1 + 5，1 即为联想控股，5 则是 5 个子公司（不包括做物流的志勤和做餐饮的金白领，目前看来，这两个公司还不能成为联想未来的支柱产业）。不过，柳传志不排除让一些因风险投资或并购投资而进入联想大家庭的项目，在适当的时候成为联想的战略投资项目，即把 1 + 5 变成 1 + 6、1 + 7 的可能，但这种可能性是建立在项目本身的前景和能否真正融入联想大家庭里来的基础上的。

行动指南

明确你手头项目的定位，不要把短线做成长线。

11_月8_日 "事为先"就是先看项目和行业

事为先，人为重。所谓"事为先"，就是先看项目、看这个行业，然后着重看人。看行业不能选太吃劲的行业，一般要中等和中等偏好的行业。但是，国外对于行业好坏的判断不适用于中国，中国有自己的特殊情况，在这方面不能经验主义。

目前看来，中国大部分行业都是不错的。比如水泥、钢铁等行业，它们随着中国经济的发展、固定资产投资的增加而飞速发展着。同样，随着中国人民生活水平的提高，牛奶、果汁、农产品等消费类领域我们也关注。

——2007 年 7 月接受《新财经》杂志的采访

背景分析

IDG（美国国际数据集团）在选择项目的时候，遵循的三个基本要素是：行业竞争力、企业产品（项目）竞争力、团队竞争力。这三者中，IDG 最看重团队，产品可以变，但是卖东西的人不能变。

柳传志的投资观也是基于这三个要素。他是做企业出身，什么是好企业，什么是好项目，项目和人之间有什么关系，选中项目以后怎么去帮它，这些是他擅长的地方，这一点他比其他的投资团队更有优势。

行动指南

选对行业和项目，就成功了一半。

11日 "事为先"就是先看项目和行业

"人为重"的意思是，在选择一个企业的时候，首先看领导班子的优劣，看管理者的才能。看人的关键是看公司的一把手，看他的基础业务能力和战略制定能力；其次是进行详尽的尽职调查。从行业、业务、法律、财务、团队方面对项目做全面的调查，特别强调对管理层诚信和能力的考察，强调对业务和行业的深入研究和准确判断。

——2007 年 7 月接受《新财经》杂志的采访

背景分析

曾有一位记者问柳传志："杰克·韦尔奇退休的时候以管理大师和并购大师闻名于世，你退休的时候，希望以什么闻名于世？"柳传志的回答是："老老实实说，我们的管理还处于半成品状态，还不够成熟，我希望能通过联想集团、神州数码、投资公司以及我们希望做的事情来证明一个公司在把管理基础做好以后能够推出更好的企业，我希望通过这些工作总结出一套中国人自己的管理方法。"

在柳传志的管理基础和管理方法中，建班子是很重要的一环。在选择项目时，柳传志很看重班子，所谓"人为重"其实是看重班子的另外一种说法而已。

行动指南

选择好行业和项目后，就该选人了。

11月 12日 企业在演戏，投资是让人看戏

做实业和资本运作的区别就类似于做戏的（演员）和看戏的（导演）的差别。做企业是在演戏，投资是让人看戏。比如说，导演要考虑为什么年轻人不喜欢京剧，要不要加快节奏。如果用这种视角来做投资，就比较方便，因为他会站在一个更远的角度来看；而演戏的人就扎在里面，只注意到观众是否鼓掌。投资的人，要有更宏观的眼界，站在一个看戏的角度，或者是更远的角度来考虑问题。

——2007 年 2 月接受《中国证券报》的采访

背景分析

由柳传志这个有超过 20 年实业背景，如今做投资的企业家来讲述实业和资本的区别是再合适不过的。从经理人到企业家再到资本家，从国有企业的代理人到产权的执行者再到投资人，柳传志的跨度之大，让人叹为观止。而一句"企业在演戏，投资是让人看戏"更让人体会到这位企业家炉火纯青的概括表达能力。

行动指南

不论看戏还是演戏，清楚并演好自己的角色。

11月 13日 中国的市场环境适合 PE 发展

在我看来，与国际市场相比，中国的市场环境有一些特点非常适合 PE 发展。首先，中国的传统行业都有很大的增长空间，因此 PE 投资的回报甚至比风险投资还高。国外传统行业增长有限，风险投资有着行业风险，但是中国的传统行业比如建材、服装、食品、饮料等领域，一方面筛除了行业风险，另一方面发展又很快，非常适合 PE 投资。其次，由于民营企业缺乏资源，PE 的进入相当于是"滴灌"，一旦进入往往会使企业发生质的变化。最后，对于国有企业的产权改革和激励机制，PE 提供了很好的工具。以往进行产权改革或管理层收购，很容易触犯国有资产流失的禁区，PE 的出现是以一种市场化的价格对企业和管理层定价，可以规范地推动国企改革。有这三方面的背景，PE 的迅速发展就很自然了。

——2007 年 4 月接受《财经》杂志的采访

背景分析

从投资方式角度看，PE 是指通过私募形式对非上市企业进行的权益性投资，在交易实施过程中附带考虑了将来的退出机制，即通过上市、并购或管理层回购等方式，出售持股获利。

广义的 PE 是指涵盖企业首次公开发行前各阶段的权益投资。狭义的 PE 主要指对已经形成一定规模并产生稳定现金流的成熟企业的私募股权投资，主要是指创业投资后期的私募股权投资部分，其中并购基金和夹层资本在资金规模上占最大的一部分。在中国，PE 主要是指这一类投资。

近年来，PE 在中国的发展速度很快。但是一方面中国的并购环境并不理想，存在着各个方面的障碍，另一方面人们对 PE 的认识也相对模糊。不过，这在柳传志看来却是机会。柳传志的眼光的确独到。

投资比的就是眼光。

11月 14日 放虎归山和如虎添翼

我经常分析，所以当国企改制有可能的时候，我立刻就会下手。就是要选铜，而不是选垃圾。要选那些老虎但不要病虎，这样才能够放虎归山。再通过管理体制变革、增值服务等给"老虎"插上翅膀，这叫如虎添翼。

——2007 年 8 月接受《深圳商报》的采访

背景分析

柳传志不喜欢别人说他能点石成金，他喜欢说自己做的是点铜成金，在他看来，石头是垃圾，铜则是未出笼的"老虎"。

以柳传志并购投资的第一个案例，即并购中国玻璃控股有限公司为例，柳传志把这个亏损了近 40 年，仅有 2 条生产线的国有企业变成了拥有 16 条生产线，能生产高档产品并出口海外市场的香港上市公司，在行业的地位也从不入流晋升为全国前三的领导性企业。这就是典型的放虎归山，点铜成金。

行动指南

别忘了事物的本质。

11月 15日 PE 不仅仅是资金上的帮助

PE 对于企业来说，可以提供很多方面的帮助，不仅是在资金方面。像国企改制对管理层的激励，往往改制前后对整个企业的带动作用非常不一样；在战略目标制定上，PE 汇集了大量既懂企业又懂行业的人，可以提供很多经验；在兼并战略及执行方面，PE 也可以提供很多帮助。比如说，中国玻璃要收购威海蓝星玻璃股份有限公司，强强联合是很容易产生矛盾的。根据我的经验，先让两个公司的领导人交朋友，交往了一年以后，谁当董事长、谁当 CEO，部下怎么安排，自然就水到渠成了。这些经验都是我们长时期摸索出来的，可以让企业少走很多弯路。

——2007 年 4 月接受《财经》杂志的采访

背景分析

业界往往会质疑 PE 能给企业带来什么样的变化。毕竟与产业资本不同，作为财务投资者的 PE 并不是行业专家，而且有着相对短期的盈利要求。但柳传志利用其在中国商界的影响力和号召力，给旗下 PE 投资的企业提供的远不只是财务方面的影响力，而更多是产业的融合和经验的传承。

行动指南

经验能使企业少走弯路。

11月 18日 PE 并购时如何与地方政府打交道?

对于地方政府，我们要看它是真正看重地区发展、看重税收，还是看重经济管理权。如果是后者，而且难以推动，我们就会退出来。比如有的地方人事非常复杂，点头不算摇头算的人特别多，或者有很强政府背景的竞争对手出现，我们就需要探讨和分析。一旦不行，我们就会退出来，能够及时退出也是一种能力。

还有一个就是下岗职工的问题，我们事先都会想到，是不是有条件把退下来的员工安置好。比如我们往往建议投资以后政府还留一些股份，政府拿每年的利润来做退休员工的利益保证。

——2007 年 4 月接受《财经》杂志的采访

背景分析

在国内进行并购，最大的困难在于利益整合。投资人、管理层、各级政府的利益取向往往相互冲突，再加上竞争对手的加入，并购往往会变成一场混战。因此，对被并购企业外部环境的把握至关重要。

不过，联想有着丰富的与环境共舞的经验，柳传志的原则是大环境不好的时候，我们就寻找小环境；小环境也不好，就忍着，等到环境变好了再出来做。

行动指南

PE 投资如雕琢玉石，先找谁后找谁，谁在里面起到关键性的作用，在动手之前，都需要非常小心地研究，才能得到圆满的结果。

11月 19日 并购尽可能不更换管理层

对于管理层，我们非常看重，首先要让管理层感觉到我们是一个战壕里的，而不是要把他们踢出去，凡是需要撤换管理层的企业我们根本就不碰。我们自己的企业挑选一个人要很多年，哪儿去找那么多值得信赖的人去接管？换人也不是没有，但那是迫不得已，而且总体来看换失败的多，成功的少。

——2007 年 4 月接受《财经》杂志的采访

背景分析

对于做并购投资的企业，弘毅不是铁板一块，也曾出现过把项目经理派过去当CEO 的情况，但整体性地换管理层情况不曾出现。这一点与境外的并购投资大不相同，一方面是因为内地缺少足够优秀的经理人群体，另一方面则是内地企业即便做并购投资，也希望不出现其中一方明显被吃掉的情况，这种面子上的东西是中国人很看重的。

行动指南

重视面子上的东西。

11月 20日 PE 投资同样有所为有所不为

第一，要维护住品牌，这对于争取项目是很重要的；第二，选择更透明、更规范的地区投资；第三，要充分发挥了解中国国情的优势。通过以往的成功投资经验，我们知道哪些环节是死扣还过不去的，哪些环节是通过耐心工作能成功的。面对各种竞争对手，我们一方面是要试试自己有没有竞争力，另一方面也要看被投的企业有多少待解决的问题，如果解决不了千万别去，否则会坏了自己的招牌。

——2007 年 4 月接受《财经》杂志的采访

背景分析

PE 这种生意，时间非常关键。因为"内部收益率"是业绩的重要量化指标，只有达到投资人要求的指标，基金管理人才能够拿到利润分成。因此，投资要和时间赛跑。不过，即便如此，柳传志还是一贯地强调长跑策略。

现在除了在境外注册的 PE，国内也开始发展类似的基金，比如国家发展和改革委员会审批的产业投资基金，券商和保险公司也在涉足这一领域。在一个资金多于项目的时代，柳传志的 PE 投资之路依旧遵循其长跑思维，难能可贵。

行动指南

要有所为有所不为，即便在竞争激烈的情况下。

11月 21日 "国退民进"意味着大机会

2002 年开"十六大"，我参加了讨论，当时中央对国有企业改制提得非常响亮、明确，比如"国退民进"，国家退出高度垄断行业，都变成了国策。我觉得这对我们是一个时机，我就是在这个触动之下开始考虑 PE 的。

——2006 年 8 月接受《中国企业家》杂志的采访

背景分析

如果说，进入风险投资领域更多是因为柳传志高科技企业的背景出身使然，那么，进军并购投资，更多是因为柳传志日益提高的政治地位和其国有民营掌门人的经历。

1999年9月22日，党的十五届四中全会作出《中共中央关于国有企业改革和发展若干重大问题的决定》以后，按照"坚持有进有退，有所为，有所不为"的原则，国有经济布局调整的步伐开始加快。一时间"国退民进"成了各级地方政府官员说得最多的一个词。2000年之后的3年，成了"国退民进"的高潮期，也就是乘此浪潮，柳传志进军PE业。

行动指南

研究政策带来的商业机会。

11月22日 大家都愿意和我们打交道

谈判的时候，原来有的项目我们没在里面，当我们表示了意思以后，总会受到各方的欢迎，这一点挺不容易的。大家都知道我们还有一个"帮"的作用，被投企业也特别看重这个，觉得我们进来以后对它们的声誉有好处，帮助它们跟各方面打交道，这就是整个联想本身的名声的问题。高盛集团邀请联想参股高盛高华证券有限责任公司也主要是看声誉，认为产业界影响最好的就是联想，亨利·鲍尔森（Henry Paulson，美国前财政部长，曾任高盛CEO）跟我谈的。

——2006年8月接受《中国企业家》杂志的采访

背景分析

投资是一个双向选择的过程，那些被投资对象也在选择对自身的未来发展有帮助的投资人，联想这种"贸工技"的发展经历和深厚的企业文化，也往往容易为被投资对象所接受。

当2005年4月弘毅与先声药业接触时，先声药业已经与另几家投资机构进行了好几轮的融资谈判。不过，最后却是弘毅后来居上，先声药业董事长兼 CEO 任晋生认为："我们当时的决策其实很简单——对其他投资机构不了解，但对联想的品牌美誉度和发展历程是深有感触的。我将选择弘毅作为我们公司发展的一个重大战略抉择，而弘毅最终给我们带来的也超出了我们的预期。"无独有偶，第一次见到柳传志，中联重科董事长詹纯新就有一种亲切感：他和柳传志都是在西安上的大学，都是科研院所出身。与联想类似，中联重科也是先做贸易后做产业，这些相同的背景使得两个企业的文化和风格都非常相近。正是由于联想这种典型的中国高科技企业的成长历程，很多企业对做投资的联想也青睐有加。

行动指南

成为一种符号，放大自己的个人品牌。

11月 25日 本土 PE 在选和帮上有优势

它们（KKR，世界最知名的 PE 之一）有雄厚的资金实力，有一个很大的资料库，了解每个行业在世界是怎么兴起的，这些给我一种启示。另外，它们后边有庞大的中介机构，怎样退出，用不着它们特别费劲，这方面我们显得比它们薄弱得多。我们比它们强的还是在对被投企业的帮助上。你们可能注意到弘毅投资人多，这是有意识的，就是为日后的发展奠定基础及在对企业的帮助上有更好的支持。

——2007 年 8 月接受《英才》杂志的采访

背景分析

对于 PE 投资来说，主要有四个环节，就是融资、选项、帮助、退出。在这四点上，退出方面不是弘毅的强项。但联想的产业背景决定了弘毅在选项和帮助上还是有优的。举个例子，PE 的管理层不能只懂运作、管理，还需要有战略，会建立公司文化。比如，CEO 是否尊重整个班子，在利益分配时有没有胸怀，这些具体运作上的帮助是弘毅能给予的。毕竟，在战略设计和 CEO 培养等方面，柳传志都是国内顶尖的企业家之一。

行动指南

扬长避短。

11月 26日 做投资同样强调团队

弘毅会给予被投企业许多帮助，每年组织 CEO 俱乐部活动等，不仅帮他们干活，还具体进行指导，把人带出来。这就需要团队组合，这一点外国基金很难做到，因为它们太讲个人效率。弘毅的理念是要做大事，将来要做成一个大基金，因此要强调团队。

现在弘毅打的基本上是遭遇战，最初项目是相互独立的，但慢慢就形成具有优势的领域了。现在在药业和建筑材料业，我们就正在培育领头人，这样一片一片地做，真正懂得团队建设的"侠客"就会多起来。他们是经过实战考验的，而不仅仅是从国外来、懂得融资退出的那些专才。

——2007 年 8 月接受《英才》杂志的采访

背景分析

脱胎于联想控股的弘毅，立足于中国，因为它们对中国的事情比较"懂"。其体制与国际上通行的有限合伙制稍有差别。赵令欢对此的解释是："我们的资金是用基金的方式组织的，它和国际上通行的合伙制是一样的，分为有限合伙人和普通合伙人。联想控股作为出资人，并持有弘毅投资的股份。"换句话说，弘毅投资的体制与国际上通行的有限合伙制稍有差别。根据中国国情和联想控股的意愿，弘毅投资的决策体系采取的是董事会领导下的 CEO 负责制，但是在项目决策机制和经济分配机制上，采取的仍然是合伙制，属于非常独特的"中西合璧"的激励体制。

正是这种管理体制，保证了弘毅依旧能进行团队培养和组织建设，而不至于一盘散沙。

行动指南

重视团队，这是做大事的基础。

11月 27日　从联想投资到君联投资

联想控股投的企业将来会形成自己的产业，是要负责到底的，但是，联想投资作为风险投资机构来说，它所投的企业，不管怎么好，它也是要退出的。因此这些企业后边如果发生了其他方面的事情，其实跟联想控股是没有什么关系的。

——2012 年 2 月在联想投资更名为君联投资的酒会上的讲话

背景分析

目前联想控股旗下有多个投资平台：以 VC 为主的联想投资，以 PE 为主的弘毅投资，联想控股层面也在同时开展以联想之星为平台的极早期天使投资基金以及大手笔的战略投资。柳传志对各业务板块的要求是"三军联动"，即联想之星为联想投资和弘毅投资提供项目储备，联想控股直投为联想投资的项目"站台"。联想投资所投资的企业也可能成为联想集团的下游供应商。

这种混乱的现状显然是联想投资更名为君联资本，力求品牌区分的部分原因。但同时，联想投资在战略上没有任何变化，背靠联想依旧是更名后的君联资本的核心战略之一。在核心文化的表述上，君联资本依旧延续了"事为先、人为重"的联想色彩。在改名上，联想投资也没有一步到位，仍然保留了"Legend Capital"的英文名。

三军联动，各自倚重。

11月 28日 整体思路清晰后我们就开始拧螺丝

在内部大的方案、策划、整体思路清晰之后，我们就在这个事情中开始了"拧螺丝"。所谓拧螺丝是我经常打的一个比方，比如要跟当地政府谈，要跟拟收购的企业谈，还要考虑动手准备组织执行团队。这几个工作要同时交叉地动，在准备得差不多的时候才开始发力。投资行为本身只是一个结果，其实底下的工作全都做完了。

——2010年10月接受《21世纪经济报道》报刊的采访

背景分析

柳传志是在关于为什么联想控股对山东煤化工项目投资180亿元这个问题时，作出了以上回答。这段话同样是联想控股的投资方法论。柳传志是推崇系统性思维的人，在他看来，一个项目要做好，一招鲜是很难吃遍天下的，要协调统筹好各方面的关系和资源，方能取得最终的成功。

行动指南

系统性地去考虑问题。

11月 29日 农业投资是联想控股的主产业方向之一

联想投资和弘毅投资此前之所以都没做农业投资，关键在于中国市场前几年还不成熟。一方面是需求没起来，另一方面则是还存在一系列的死扣。比如在粮食、禽类等领域中，小农经济的产业模式是无法做到这点的。在这种情况下，我们联想系没有一个敢做，如果去做，极有可能把联想的牌子都做砸了。现在政策的死扣正在慢慢解开，这两年政府明确提出农村土地流转的大方向，中央和地方政府也都出台了一些明确措施，这就给了我们很大的机会。中国和外国比，内需消费拉动会是未来投资的一个巨大机会，而农业本身、农村城镇化的过程中会产生大量的内需拉动，因为中国还有相当大的一部分劳动力没有充分释放。

——2010 年 10 月接受《21 世纪经济报道》报刊的采访

背景分析

不仅仅联想控股，黑石、KKR 都对农业项目虎视眈眈。因为它既能拉动内需，又能成为政绩工程，但不好做：一是政策没完全放开；二是让农业工业化本身是不太好推行的。柳传志对此兴趣蛮大的，特别是将陈绍鹏从联想集团抽调到联想控股负责农业投资项目后，他的信心更强了。毕竟与政府机构打交道以及处理与农民的关系这些事情对柳传志来说并不难，他缺的是政策放开的天时和有没有陈绍鹏这样的领军人物的人和。

行动指南

有地利，也需天时，更要人和。

11月30日 联想控股走的是先资本再产业的路径

联想控股走的路跟复星有些类似。但复星是先做了产业，然后再去做投资取得资本回报。我们是先做了投资获得资本回报以后，再去做产业。在做产业的时候，我想做得更系统。系统的意思就是说，不仅是这一个行业，而是想形成一个大的产业链。这样能够在整个国民经济中起到一定的作用，而且能够形成更大的影响，对自己的收入也会有很大的好处。

——2011 年 7 月接受《创业邦》杂志的采访

背景分析

从 2001 年开始做联想投资起，柳传志终于借助联想控股这个平台重新掌控大联想。柳传志对联想控股的规划是，早则 2014 年，晚则 2016 年，在香港上市，并将联想集团、神州数码以及相关业务打包进去，同时，一些新兴支柱产业会成为联想控股的直接控盘业务。

行动指南

谋大局。

社会责任

 基本的社会责任

　　我的感受是很多时候，可能政策跟当前具体走的路未必一样，但我们的政府一直在与时俱进。中国改革开放也就40年时间，发展速度又极快，有些政策还在摸索之中。1987年联想做汉卡的时候，就遇到过一件事。

　　汉卡的价格制定，物价局就是看你的成本，比如电路板花了多少钱、元器件花了多少钱、多少工资等，然后再加20%就是这款产品的价格，超过了就是违法，并不考虑人的智力投入和经验积累的成本。当时联想一下子就要被罚100万，经过我们努力做说明沟通工作，最后被罚了40万。

　　社会政策环境的优化是需要过程的，我们要时刻想着自己的目的，是为了做好企业。总而言之，大家一定要清楚一条：我们做企业，对国家、对社会的贡献就体现在交税、创造就业机会上，这也是我们最基本的社会责任。在具体问题具体对待的同时，大家一定要牢记我们的基本责任。

——2019年1月22日出席君联资本企业发展研究院
三期班毕业仪式

背景分析

柳传志曾经在创业初期被罚款 40 万，他拒绝了开发布会正面抗争，选择百忍成金，正如前文所提，对于不完善的政策也要遵行。他认为遵守政策和纳税都是企业必须要做好的事。

行动指南

交税、创造就业是企业的基本社会责任。

12月2日 牢记历史，承担责任

我们这一代人为什么对中国的命运那么关心呢？那就是因为我们了解历史，我们曾经沧桑，所以"让中国富强、让民族复兴"就刻印在我们的脑海中，融化在我们的血液里。如果你不知道历史，你不知道中国以前窝囊成什么样子、穷困成什么样子，为中国人民谋幸福就没有动力，为中华民族谋复兴就没有血性。

——2019 年 8 月 10 日在第二届全国青年企业家峰会暨京津冀青年经济领军人物创新发展大会的讲话

背景分析

在中美贸易战的大背景下，柳传志这段话是在给中国新一代企业人鼓劲儿。他认为中国今天在很多领域处于世界领先地位，这与中国一代人牢记"中华复兴"的使命是有密切关系的。

牢记历史，增强做民族企业的动力。

12月3日 别炫富，做点好事

未来还有几十年，我真的不在意，我更在意的是它的质量好坏。其实我们还是应该为社会多做点事。中国更好了，我们大家也才能更好地发展。我们能做点什么事呢？

第一，先别炫富，别瞎去嘚瑟。

第二，为社会做一些好事。联想长期以来，坚持对贫困地区的学生给予支持、对创业者给予支持、对见义勇为人士给予支持，做得还是很不错的。咱们是不做则已，一做就坚持下去。

——2019年4月10日参加"柳总邀你走心茶话"活动

背景分析

这段话其实是他在回答"你是谁？你从哪里来？要向哪里去？"这个哲学问题时，给出的朴实回答，同时也是对他退休以后的安排的规划。

行动指南

企业家在富裕之后，少炫富，多做好事。

12月4日 先富帮带后富是应尽的社会责任

在社会发展层面，企业家有一个重要的责任，就是先富帮后富，这是应尽的社会责任。当年改革开放的时候，邓小平先生讲的这句话，就是可以"让少数人先富起来"，后边还有一句话，"大家走共同富裕的道路"。

今天中国的企业家群体，交税、提供就业机会，这本身就是最重要的事情。但是中国毕竟太大，而且政府的改革也有困难，所以企业家本身应该多做些事情。所谓先富帮后富的方式，我觉得一个是扶贫，一个是脱贫。扶贫的事情，这是马云说的话，我听了觉得挺有道理，他说扶贫的这个事应该由政府来做，也就是把税收用来扶贫，扶贫是什么？扶贫是输血，哪个地方最缺血，哪个人最缺血，就给他输血。

脱贫是什么？脱贫实际上是帮助你改善造血的功能，我们的企业家应该多做这种事情，就是除了提供钱以外，要提供能力，提供资源，比如帮助某个地区人才的培养，帮助某个地区提高就业，帮助某个地区形成有特色的经济增长能力，这些东西其实是企业家应该考虑的。

我想光一个企业也不够，企业家群体应该有这个共同认识，特别是民营企业，我相信大多数民营企业都是希望能这么做的。先富帮后富的这个社会责任做好以后，对企业家本身来说也是有重要意义的，因为只有那样国家才能稳定，企业才能更好地发展，只有人人都富裕以后，社会空气湿润，互相关心，整个风气才能有所改变，人人都会感到愉快和幸福，企业家实际上也是获得了一种回报，是一种对社会的感恩，也是一种愉快。

——2017 年 6 月 7 日在全球创新峰会之产业双创高峰论坛发言

背景分析

柳传志这一代企业家是趁着改革开放的浪潮发展起来的，非常有政治敏锐性，对于改革变化有深刻理解。他意识到了扶贫脱贫这件事背后的重要意义，他号召企业家回报社会，即是对国家的支持，又是对企业家群体的保护。

行动指南

企业家要对社会感恩，先富带动后富。

12_月 5_日 不只种好自己的一亩三分地

我自己应该属于那种，非常努力种好自己一亩三分地的企业工作者。我们只是看天上下雨、刮风和我自己种地有没有关系，我想在座的许多企业家和我的想法是一样的。但是我们生活的这个时代确实是太不一般的时代，是属于转折点的时代。在这种情况下，我们企业家群体不得不担负起转折点的责任，负起社会责任。

我想我们最应该做的事情，就是把自己本身的企业做好，为社会提供更好的产品和服务。另外我们要照章纳税，努力增加就业机会，创造社会财富，同时我们要诚信经商，要有信誉。这是我们的本分，是我们应该做到的事情。在这之外，我们应尽力多做一些公益活动。尽管我们每个企业的力量很小，但是聚集在一起就成了很大的力量，这方面，西方的跨国公司做得非常好，他们从观念到聚集的运作方式都比我们成熟得多。联想把参加公益活动列入战略规划当中，这十几年做了相当大的投入，但是和国外比，确实还差了很多。

——2006 年 8 月在中国企业家论坛第三届深圳高峰会上的讲话

背景分析

如何处理企业和社会的关系，是华人文化社会中企业家面对的永恒课题。华人文化患不均重于患寡（穷）；士农工商，商是末流。在这样的文化土壤中，商业上的成功人士，必须时刻考虑自己和社会的关系，否则就容易出现问题。李嘉诚先生就曾高调斥巨资设立李嘉诚基金会，大讲"奉献的艺术"。柳传志当时重提企业和社会的关系，应该也是基于对改革开放 20 多年后，社会气氛与公众心理微妙变化的深刻体认。

行动指南

本分之外，多一些善举。

12月 6日 企业与国家的命运联系在一起

在中国还有一些像我这个年龄段，或者是比我年轻一点的、五六十岁的企业家。我们经历过中国的困难时期，所以我们感觉自己很幸福，在自己中年的时候赶上了改革开放，赶上了好机会。因此，我们很本能地去关注大局，去关注国家的政治、经济形势，也很本能地把自己的命运、企业的命运跟国家的命运联系在一起。我觉得我们企业家要负起自己的社会责任。

——2007年4月接受《民营经济报》的采访

背景分析

与柳传志同年龄段的企业家都有很强的产业报国的使命感，比如倪润峰执政时期的长虹，就喊出"以民族振兴为己任"的口号；任正非也多次在内部讲话中提到华为对民族通信产业的使命感；而柳传志在1994年春天，扛起民族产业大旗的请命也成为中国信息产业历史上的一段佳话。今天的联想控股也将使命感融入自己的愿景中：以产业报国为己任，致力于成为一家值得信赖并受人尊重，在多个行业拥有领先企业，在世界范围内具有影响力的国际化控股公司。

行动指南

把自己的命运和时代、国家的命运联系在一起。

12月 9日 不漠视那些成为"改革成本"的人

2002年时，我在公司的全体党员会上讲过一次话，比较系统地阐述了我对企业社会责任的理解：改革开放让一部分人先富起来，打破了中国过去平均主义的传统，我们很幸运地成了改革开放最直接的受益者，有了一个比较合适的发展空间，但是也有一些人成了"改革中的成本"。这就像我们上岸了，看见船要沉，一定要把后面没上岸的人拉上来。

——2007 年 1 月接受《环球企业家》杂志的采访

背景分析

作为中国领先的 IT 企业，联想在许多层面都做了第一个吃螃蟹的人，成为国企改革的受益者。2005 年，联想集团 CEO 杨元庆超过 2000 万元的年薪曾备受争议，2007 年，郭为拿到神州数码超过 10% 的股权更令许多国企的掌门人羡慕。

杨元庆说得好："我对得起 2000 万元的年薪。" 2000 万元还是 2005 年到 2006 年的年薪，这几年来联想业务扶摇直上，想必他年薪会更高。作为跨国企业的 CEO，杨元庆享受如此年薪无可非议。按他的说法，与同类公司相比，联想高管的年薪还是低的。不过对比张瑞敏等其他国企的高管，联想的高管还是应当感谢中科院。中科院的开明使得联想总是开改革开放之先河，杨元庆如此，郭为也是如此。不过，柳传志看到的更多是那些成为"改革成本"的人，这无疑是这位老帅的高明之处。

行动指南

牢记那些为你的成功作出贡献的人。

12月 10日 身体力行影响社会

20 世纪 90 年代初，当时的中国科学院院长周光召找我谈过一次话。他说香港过去也是一个各方面都很不规范的地方，是汇丰银行先要求自己的员工身体力行，比如排队、不随地吐痰、穿西装等，在当时对香港整个社会都有带动作用。当时我们公司比较小，只能希望将来也能成为这样一个公司，就是通过以身作则来影响社会。

——2007 年 1 月接受《环球企业家》杂志的采访

背景分析

直到今天，汇丰银行一直改变和推动着香港的社会变革。据香港媒体 2006 年 7 月 13 日的报道，拥有 1.4 万名雇员的汇丰银行响应香港特区行政长官曾荫权的呼吁，向员工发出"便服指引"新守则：决定从 14 日起，根据不同的场合将员工上班服分为"商务服饰""商务便服"及"办公室便服"三种。根据汇丰的衣着指引，除了要出席商务会议或面对面接触客户时职员要穿商务套装外，从事后勤或不用会见客户的员工，可穿商务便服，男职员可穿有领 T 恤衫，女职员则可穿剪裁合身的套装或套裙，但女职员上衣必须"有袖"，男职员西裤"不得露出足踝"。

行动指南

以身作则。

12月 11日 建设比破坏更有价值

大概是 2001 年的时候，我去联想在大亚湾的工厂参观员工宿舍，有个员工的床头贴了一张切·格瓦拉的画像。当时有一部关于格瓦拉的话剧，我没有去看那个戏，但听到的反应是演出时下面有一片叫好的声音——这种声音是以赞扬社会秩序的破坏者为主的。当时我就意识到，在整个社会之中，其实是有不和谐因素的。

——2007 年 1 月接受《环球企业家》杂志的采访

背景分析

柳传志没有批评这个员工，但他回来后在公司内部曾这样讲过："我们都是社会改革的受益者，听到的都是对改革满意的声音，甚至还嫌改革做得不够，但是忽视了在另外的一些方面，也有意见不同的人，比如说承担了社会改革成本的那些人，他们很值得同情。"

柳传志认为，格瓦拉是打破旧秩序的代表，但是实际上更有价值的，是去建立新的东西，他希望联想员工能够认识到这一点。在柳传志看来，联想实际上是改革开放以来新机制、新环境的产物，联想和所有受益于这个时代的人更应该让自己心怀宽广，回馈自己所处的这个社会。

行动指南

对于见解不同者，不妨换位思考。

12 月 12 日　改革开放是大的系统工程

今天，中国社会到了一个更加需要协调的时候。在改革过程中，各样规章制度都还不是很自洽，经济改革、政治改革和社会改革还都不是很配套。一方面，中国社会在往前走，改革开放在往前走。但改革开放也是一个大的系统工程，同时需要不断地进行政治改革和社会改革。像我常说的拧螺钉一样，也需要拧拧别的螺钉。另一方面，我们现有的环境资源不可能取之不竭、用之不尽，以前的发展方式会碰到各种各样的问题。还有就是，贫富两极分化的矛盾凸显了出来。

——2007 年 1 月接受《环球企业家》杂志的采访

背景分析

柳传志推崇系统论，他曾把自己比作一个操作系统，而杨元庆等接班人则是运行在这个操作系统上的各种软件。对于管理，他也认为：治理一家公司是一种系统设计。这里有方方面面要考虑的问题，牵一发而动全身。你如果为了解决一个问题而单兵突进，这个问题看似解决了，其他方面却有可能全乱了。

柳传志把改革看作一个系统工程，企业家要做的是怎么样配合这个系统的有效推进。

行动指南

学会系统地看待问题。

12月 13日 企业家不因被仇视而不平

其实致富者是有不同情况的。现在有一批企业家因为被仇视而变得愤愤不平，因为他们觉得自己在辛苦劳动挣一分钱的时候，其实给社会提供了一毛钱的价值。他们提供了更多的就业机会，为国家纳税，他们不应受到这么多仇视。但也存在一些通过不法手段迅速暴富的情况，这确实会让社会空气更干燥。

所以，我觉得一方面要提倡通过发展更好地去解决社会矛盾，另一方面也要格外自律。企业家的工作主要是怎么样跟社会各界配合来解决这个方面的问题，而不是说产生更大的对立情绪，挠痒痒要挠对地方。

——2007年1月接受《环球企业家》杂志的采访

背景分析

在中国古代，许多起义都是夺了富人的资产，借以攻入城镇，"杀了鸟官，夺了鸟位"的。洪秀全的太平军对待地主的残暴令人发指，李自成还曾经把福王的肥油榨出来，这里面仇富的心理成分是比较多的。

当前，一些企业家也处于一种被仇视的状态。在这种情况下，企业家所做的不应该是产生更大的对立情绪，而应该在自律的前提下配合社会各界来解决这个问题。

自律永远是第一位的。

12月 16日 企业首先要把自己的事情做好

企业能做的是三件事情：更好地为社会提供产品和服务、更多地照章纳税、更好地解决就业问题；参与公益活动；在公司内部宣传正确的财富观。

而企业做公益事业，会起到一定的湿润社会空气的作用，但不是最主要的作用。在改善社会空气方面，需要更好地进行社会和政治上的系统改革。对贪污腐败现象，能够从体系上进行有效的遏制。我觉得这对解决贫富分化问题和社会心态问题，可能是最根本的方法。

进行系统改革的难度是，它不像企业这么好控制，经济上前进一步，可能又带出了其他问题。只有将来改革稳定以后，湿润空气的意义才会越来越大。

——2007 年 1 月接受《环球企业家》杂志的采访

背景分析

在改良社会风气方面，企业该起到什么样的作用？柳传志的答案是企业并不是主要角色。在一个真正的商业社会，企业家的地位是最为突出的，官员则处于相对从属的地位。

当然，在造就企业家的机制上，现在比改革开放前好多了，但仍旧多少会有些轻商观念作怪。令人欣慰的是，这种轻商重仕的观念在现在已非主流，现在的人更看重个人价值的体现。此外，现在政府制定的规则、官员的观念，也越来越有利于企业家的成长。但很显然，企业家还没有成为改变这个社会的最强大的力量，仍然是柳传志所说的配角。

行动指南

不论扮演主角还是配角，把自己的事情做好。

12月17日 盖茨做慈善树立起一个好的标杆

盖茨捐的钱再多也只是几百亿美元而已，但是他在文化上给了人们一种启迪。就是说，人活着到底是为什么？他给企业家群体和整个社会在文化上树立了一个好的标杆。

——2007年1月接受《环球企业家》杂志的采访

背景分析

2006年6月15日，比尔·盖茨宣布自己将逐步淡出微软公司的日常事务，以便把精力集中在卫生、教育等领域的慈善事业上。盖茨当天发表声明称，淡出微软日常事务对他来说是一个艰难的决定，但他对慈善事业有着同样的热情，并认为这也是十分重要和具有挑战性的事业。而此前，在庆祝自己50岁生日时，盖茨宣布将"捐出所有个人财产"，将数百亿美元巨额财富捐献给社会。据美国《福布斯》杂志2006年估计，盖茨个人的净资产接近500亿美元。离任后的盖茨将致力于慈善事业，以他和妻子名字命名的"比尔及梅林达·盖茨基金会"已经为慈善事业捐出了250多亿美元。这些钱用于研发艾滋病疫苗和疟疾疫苗，并为贫穷国家提供援助。显然，华尔街并不认为盖茨的离任会降低微软公司的竞争力。

盖茨曾表示，伴随巨大财富而来的是巨大责任。"现在是把这些资源回报社会的时候了，而帮助困境中的人们是回报社会的最好方式。"应该这么说，所有受益于时代的人，都有义务回报社会。

行动指南

追问自己，商业的真正意义是什么？

12_月 18_日 善待员工形成正反馈

在联想内部，我们提倡几个"负责"：第一是要为股东负责，第二是要为员工负责，还有就是为社会负责。员工是办企业的一个重要部分，只有善待员工，给员工提供好的条件，员工才会更加努力地把企业做好，这是一种正反馈。所以联想从我这儿开始就很自觉，用不着任何提醒地去考虑对员工进行激励。

也许有一些制造业企业对待员工过于苛刻，这其实是企业家不明白成本卡在什么地方。像联想这样的企业，成本最大的地方实际上是元器件，元器件如果有积压的话，带来的损失要远远大于其他部分——其他部分指的是人力成本和销售宣传成本。今天，联想集团已变成一个国际化企业，人力成本大幅度增加，但是也还没法跟元器件的积压比。

——2006 年 11 月接受《东方企业家》杂志的采访

背景分析

管理大师彼得·德鲁克（Peter Drucker）曾说："传统的人事管理正在成为过去，一场新的以人力资源开发为主调的人事革命正在到来。"

著名学者、世界未来学会理事威廉·哈拉勒（William Halal）曾指出：企业正在经历以知识为基础的"革命"。在知识经济时代，金融资本和其他传统"生产要素"已成为商品，而"知识资本"却成了创造收益的实际推动力。哈拉勒曾经预言，在 21 世纪的头 10 年中，美国的蓝领工人将会从占劳动力的 20% 缩减到 10%，非专业的白领工人也将从 40% 减少到 20%~30%。其余 60%~70% 左右的劳动大军将由知识型人员组成。

因此，企业对知识型员工的管理日益重要，国内许多企业尤其是高新技术企业也越来越认识到知识型员工与传统蓝领的区别。他们不再是传统的"打工者"和"被管理者"，不应再被视为成本，而是和资金一样被看作企业的重要"资本"和宝贵"资源"。对知识型员工的管理和使用，成为现代企业中一项非常重要的管理工作。

行动指南

把人力看作资源。

12月 19日 策略性慈善活动

企业做社会公益很容易让人跟功利联系到一块儿，以为是在用这种做法提升自己的社会地位，或者是提升知名度。我想有很多人是这么去想，这么去做的，而我们在做这些事情时确实功利的因素比较少。但是我认为，哪怕是出于功利因素来这么做，也比不做好得多，这一点是应该要明确的。不然的话，企业尽了社会义务，捐了款以后，还要被说成是为了自己的利益才怎样怎样，其实不合适。

——2006年11月接受《东方企业家》杂志的采访

背景分析

关于慈善行为究竟是在作秀，还是在进行政府公关的争论，常辩常新。但更多时候，这种"私心"是被理解与肯定的。美国波士顿学院企业公民中心的研究员迈克·布罗菲尔德（Mike Brofeld）认为，可以认同"策略性慈善活动"，企业在捐助时，除了金钱，如果其产品和服务恰好能和受捐赠者的需要吻合，那么即使企业有公关甚至广告的目的，也是值得赞赏的。这的确是最为难得的宣传机会。2004年印度洋海啸发生后，物流巨头TNT用卡车向灾区运送救援物资，并腾出仓储空间用于存放食品和医疗设备；西北航空用两架波音747货机免费运送急需的物资至南亚；咖啡饮品零售商星巴克则宣布每售出一磅的印尼名产苏门答腊咖啡豆，就捐赠2美元给受灾居民。这些公司都被认为是既用恰当的方式表示了企业公民的责任，又聪明地体现了公司的商业特点。

行动指南

让自己的公益行为更聪明一些。

12月 20日 做公益也要有完整的实施计划

联想本身没有把功利目标放在一个突出位置，所以没有去想，做这些事到底对我们的知名度有什么影响。但就具体实施而言，我们实际上有一套完整的策划，就像其他企业行为一样，肯定是有策划、有行动、有检查。

我想再三说明的是，我们做公益活动没有任何的功利目的。企业做这些事情，在当前的社会环境下，不能被认为是解决社会矛盾的一个主要途径。

——2006 年 11 月接受《东方企业家》杂志的采访

背景分析

柳传志不希望把公益活动做成联想品牌推广的一个平台，比如联想捐赠，完全可以捐赠等值的电脑和其他联想产品，但是最后联想是踏踏实实地一分钱、一分钱地捐了出去。这个肯定没有捐产品划算。

联想的公益活动深深打上了柳传志的烙印：在公益主题上，进取班的设立与柳传志提倡的求实进取的企业文化一脉相承；在公益行为的实施上，柳传志所强调的有策划、有行动、有检查的做事风格也得到贯彻。

行动指南

事无大小，认真去做。

12月 23日 联想本可以将美国的雇员裁掉

联想集团收购 IBM 的 PC 业务之后，在美国仍然保留着将近 3000 名雇员，这些雇员中，一个普通白领的工资是其在中国的同事的6倍，蓝领工人的工资差距要更大。联想集团在并购之后，本来可以继续裁员以压缩成本，但是联想集团没有这样做，因为公司可以找到其他节约成本的方式。而且因为联想集团业绩的高涨，公司还给这些雇员都涨了工资。

——《经济观察报》2012年2月李翔署名文章《另一个柳传志》

背景分析

这是2011年11月13日晚上，在美国政治顾问、Ashcroft集团联合创始人茱莉安娜·格洛弗（Juliana Glover）为访问美国的中国企业家俱乐部代表团举行的宴会上，柳传志端着红酒杯，借助自己的翻译对三位美国政治家说的一番话。柳传志还用了一个比喻：就好像两个赛跑选手在各自的跑道上向前冲刺，大家都应该做的是努力跑得更快一些，但是，如果一名选手自己停了下来，还想办法阻挠另一名选手向前冲，那就是自己所不能接受的。柳传志希望表达的是：美国应该专注于解决自己的问题，即劳动力成本过高的问题，而不是紧紧盯着中国的人民币币值，希望通过这种方式来解决美国的问题。当然，柳传志的另一层考虑在于，联想作为中国企业的代表去并购国际企业的时候，在达到商业目的的同时，也需要注意企业形象。

行动指南

聚沙成塔。

12月 24日 企业家回报社会更多是看做了什么

企业家回报社会，更多是看做了什么，而不是说了什么。提供税收、就业机会等，还有就是是否诚信、有没有合理对待财富。意识形态上我有看法，但不强调。像和郎咸平这些人讨论时，吴敬琏老师就说企业家有很多的大责任。毕竟那么多饭碗在身上，所以没必要过多表现，因为表现多了，很可能会对企业运营产生影响。

——2006 年 11 月接受《东方企业家》杂志的采访

背景分析

李嘉诚每年一两次在长江商学院对学生们的演讲已经成为一个品牌。在他著名的主题为"奉献的艺术"的演讲中，他对比了范蠡和富兰克林。在他看来，范蠡以改变自己来迁就社会，而富兰克林却推动社会的变迁。很显然，李嘉诚更欣赏富兰克林，李嘉诚曾给出了这样的期许："今天商业社会的进步，不仅要靠个人勇气、勤奋和坚持，更重要的是诚实、慷慨，从而创造出一个更公平、更公正的社会。"

柳传志的所思所行，与李嘉诚的路径相似。

行动指南

用自己的言行影响他人，回报社会。

12月 25日　实实在在做力所能及的事情

塑造良好企业形象、强化品牌传播绝不应成为联想做公益的第一指向，实实在在做些力所能及的事情、不求回报，这才是最根本的。

——2004 年 7 月听取联想控股公关外联部公益方案
汇报后的发言

背景分析

"纪念与思考"是联想创立 20 年之际的主基调，柳传志也一直在认真思考：如何以更加系统的方式做公益。当时，一份财务报告呈现在他面前：据不完全统计，1995 年～2004 年，"联想系"累计向社会捐助的公益资金达 6000 多万元。透过数字，柳传志的思考加剧，他不无激情地回首之前的 10 年，虽然联想的公益之举很多，但主要是应付突发事件和自然灾害，随机而零散。

对此，柳传志提出进行系统化的思考，不是应景地做一些公益，而是有计划地、有系统地开展公益活动。

行动指南

实实在在做一些对社会有益的事情。

12月 26日 正在走向的社会就是好的社会

我心中好的社会，就是我们正在走向的社会。经济发展更平衡，有好的政治体制、好的文化系统，党和政府正朝这个方向走，尽管困难不少。现在思潮很多，主流经济学家和其他流派发生了很多争辩。让我们做企业的人惊讶的是，像走市场经济道路和深入改革这种天经地义的事，居然还会有人去攻击。

我是过来人，比较改革后的成果和以前的状况，差别可谓巨大。但还有人说话用那个调子，其中网上还有不少年轻人的反应很激烈，让我太吃惊了。我最近提出了企业的社会责任之一，就是湿润社会空气，不能让环境太干燥，就是从这个角度出发的。一些民营企业急于致富，采取了一些不好的手段，造成了非常坏的影响。

——2006 年 11 月接受《东方企业家》杂志的采访

背景分析

作为中国经济改革和市场转型阶段的成功探索者，中国的企业家们身上存在天使与魔鬼的双重属性。一方面，他们显然是那一代人中最勇敢、最精明的，遇上了几乎最好的机遇，他们把握住了社会变迁的潮流，提升了生产力，创造了大量的社会财富；另一方面，他们之中有相当一批人，具有恐怕自身也难以完全驾驭的扩张本能，他们往往凭借对商业游戏规则的熟悉，利用社会规则的漏洞，在灰色地带通过技术手段，尽可能地扩张自己的财富。

事实上，商业竞争能挖掘出人性中最好的东西，可有时也会让人性的丑恶在瞬间膨胀。每一个伟大的企业家都曾经在某些方面打破过某些规则，有时候对规则的破坏让社会获得了快速的进步；而更多的时候，它也造成新的社会不公。

行动指南

重视社会的公平。

12月 27日 官商勾结容易造成投机性的行为

关于投机性的力量增强的问题，我是这样理解的：其实政府干预市场经济的力度越大，形成官商勾结的可能性也就越大。这里面有必然联系，经济学家谈得很多了。我了解这方面的情况，在我认为非常有必要的时候，会发表些自己的看法，主要还是做事。对做企业的人来说，坚守有难度，因为里面有利益诱惑。但联想会继续坚决不做邪恶的事，坚决不官商勾结，坚决诚信。

——2006 年 11 月接受《东方企业家》杂志的采访

背景分析

今天的联想也做房地产，也做上市公司的投资业务，但柳传志更多地以一种投资的方式去做，而不是投机。

在过去的近 30 年里，有太多的企业比联想发展速度更快，有太多的企业家比柳传志更盛极一时。但是，很多企业家和企业在短跑冲刺以后，便因为各种原因停滞甚至倒下了。

那么，柳传志又是凭什么成为领导联想近 30 年的长跑者呢？如果比身体、比技术、比胆量、比资历、比能量、比管理、比思想，在中国企业家中比柳传志更高明的人不在少数。个中原因，是因为柳传志一开始的长跑思维——以一种投资而不是投机的方式进行自己事业的拓展和提升。

行动指南

对你现在的行为作一个判断，是投资还是投机，或者两者都有？

12月 30日 一人一票，万劫不复

中国需要改革与改良，把我们的价值观中和普世价值有矛盾的那部分，逐渐变成大家有共性的理念。但这里面有个逐渐的过程，就跟外汇似的，砰一下拧过来，老百姓接受不了，就会出事。打个比方，我上次在中欧商学院说，欧洲竞争力的衰退是因为过度福利化，这话老百姓肯定不爱听。我们如果现在就一人一票，大家肯定赞成高福利、分财产。还保护什么私人财产，先分完再保护，完全有这种可能。它会一下把中国拉入万劫不复的场景。

我特别希望中国的空气湿润，也特别注意老百姓的生活。我还真的是属于企业家里面很关心这些问题的人。有些社会学者的观点，我很能接受。要改革、改良，你得改，不能不动，但是也不要非得往革命的方向走。

——《经济观察报》2012 年 2 月李翔署名文章《另一个柳传志》

背景分析

这段话里的两个短句——"一人一票，万劫不复"——曾在互联网上引发了巨大的争议，被人误读成柳传志反对在中国推行任何形式的民主。但柳传志的意思其实是，首先，中国的确需要进一步的改革和改良，以此来解决贫富差距扩大等显而易见的问题；其次，中国需要改革和改良，但不是革命，因为革命往往是破坏性的，会给整个国家和社会带来毁灭性的打击。

行动指南

欲速则不达。

12月 31日 软弱但不摇摆

中国的企业家是很软弱的阶层。企业家就和有家有口的人一样，难免有后顾之忧，我们只希望社会稳定，国家安定。就拿我本人来说，作为企业家我要对企业几万名员工负责，不可能无所顾忌。如果我真的敢站出来说话，我就去做一个学者；如果有更多勇气的话，或许就走仕途了。当年我就知道自己没这个能耐和勇气，才坚决认定了这条道路，从不动摇。绝大多数企业家把谋取利润、增加社会财富作为最终的目标。当环境好的时候，可以更努力地工作，把事业做得更大；环境不好的时候，就把事业做得小一些；环境更恶劣的时候，宁可离开这个国度，去一个安全的地方。

绝不能说，企业家没有社会责任感。企业家是爱国的。当环境好的时候，他们希望能够在正常的环境中工作，多交税。但是如果让他们逆潮流而强动，或成为改革的中坚力量，我估计不太可能。

——2012年10月柳传志接受《财经》杂志的访问

背景分析

在不少人看来，企业家是社会变革的中坚力量。但在柳传志看来，中国企业家与政治之间是有距离的。他和他所代表的中国企业家群体，虽然一直希望建立起自己的体系，希望别人了解他们，但是不太可能深度介入政治体制改革。

行动指南

对企业负责，对社会负责。